**本教材由成都体育学院博士点建设基金资助**

当代体育新闻传播系列教材

# 体育电视转播教程

### 谭 康 著

人民体育出版社

**图书在版编目（CIP）数据**

体育电视转播教程 / 谭康著. -- 北京：人民体育
出版社, 2012（2024.3重印）
当代体育新闻传播系列教材 / 郝勤主编
ISBN 978-7-5009-4364-8

Ⅰ.①体… Ⅱ.①谭… Ⅲ.①体育—电视节目—电视
转播—教材 Ⅳ.①G222.2

中国版本图书馆CIP数据核字(2012)第233976号

\*

人 民 体 育 出 版 社 出 版 发 行
北京中献拓方科技发展有限公司印刷
新 华 书 店 经 销
\*
787×960  16开本  13.75印张  246千字
2012年12月第1版   2024年3月第6次印刷
\*
ISBN 978-7-5009-4364-8
定价：60.00元

社址：北京市东城区体育馆路8号（天坛公园东门）
电话：67151482（发行部）     邮编：100061
传真：67151483              邮购：67118491
网址：www.psphpress.com
（购买本社图书，如遇有缺损页可与邮购部联系）

# 编 委 会

**主 编**

  郝 勤

**副主编**

  魏 伟

**编 委（按姓氏笔画排列）**

  罗兰秋  周雪蕾  郝 勤  龚利萍

  谭 康 魏 伟 瞿 巍

# 前　言

　　本书简要阐述了电视体育转播的发展历史，重点分析了电视体育新闻、赛事和专题直播节目的特点，体育赛事直播中导播的工作特点、流程和内容，以及在导播调度下体育赛事转播中摄像师的工作。本书还介绍了电视转播车的相关情况，列举并分析了体育赛事转播历史中的经典案例。

　　本书丰富的专业内容更加适用于实践，具有较强的实用价值，是高校新闻学专业、广播电视编导专业学生及体育电视从业者研究电视体育转播的最佳参考。

# 目 录

# 第一章　体育电视转播概述

**【本章提要】** 体育电视转播是体育报道的重要方式之一，特别是体育赛事直播更是将体育报道的及时性发挥到了极致。体育电视转播的发展是以大量电视新技术的涌现为基础的，而电视技术的发展又是与无线电技术和现代通信技术的进步紧密相关的。中国体育电视转播的发展经历了萌芽阶段、曲折发展阶段、恢复发展阶段、全面繁荣阶段和垄断阶段等五个发展阶段。现阶段中国体育电视转播的发展呈现出了 CCTV（中国中央电视台）体育频道的垄断地位难以撼动、地方台体育频道举步维艰、付费体育电视频道发展缓慢的现状。

近年来，随着体育热在全世界的风行，体育新闻成为极受受众欢迎的一个新闻品种。在所有媒体中，一直以来电视就被公认为进行体育报道的最佳媒体。体育节目直播，特别是体育赛事直播，始终因其所特有的及时性成为体育电视节目中最为重要的节目形式，受到受众的极大欢迎。

## 第一节　体育电视转播的产生与发展

电视的发明与运用，凝聚了多国科学家的心血。正是在科学家的不懈努力下，电视技术不到两百年就取得了巨大的进步，成为与传统纸质媒介并驾齐驱的重要大众传播媒介。在电视最初起步与发展的过程中，也能看到体育电视产生与兴起的轨迹。可以说体育电视的每一次重大进步都是与电视制作与传播技术的重要技术突进紧密相关的，体育电视直播更是如此。

### 一、体育电视转播的产生

体育电视转播的发展是以大量电视新技术的涌现为基础的，而电视技术的发展又与无线电技术和现代通信技术的进步紧密相关。1936 年，英国广播公司在伦敦的亚历山大宫建成英国第一座公共电视台，并于同年 11 月 2 日正式播出电视节目，而英国广播公司也被公认为世界上第一座正规电视台。其实，早在 1931 年，英国广播公司就直播了一场赛马比赛，这被公认为是世界电视史上第一次用电视转播的体育赛事，从此电视便与体育结下了不解之缘。

在体育电视和体育电视直播的漫长发展过程中，世界公认的两大体育赛事——奥运会和世界杯足球赛与体育电视、体育电视直播共生共荣，相互促进，取得了双赢的良好效果。1936 年柏林奥运会首次通过闭路电视系统进行实况转播，在柏林市内架设起 25 个大屏幕，当时有 3 台摄像机投入转播，信号覆盖面积只有方圆 15 公里，而观众仅有区区 16 万人。1939 年 2 月，美国无线电公司（RCA）开始彩色电视的试验广播。同年 11 月 26 日，德国转播了德国——意大利两国足球比赛实况，这是世界电视史上第一次足球赛事的实况转播。

在 1948 年伦敦奥运会中，英国的 405 线标准被采纳，电视转播首次有了规范。由于那时的英国只有很少人拥有电视机，因此 BBC 只花了大约 4000 美元就购得了这届奥运会的转播权，这可能也是奥运史上转播权的最低纪录。BBC 当年为伦敦奥运会进行了总计 64 小时 27 分钟的节目播出，约有 50 万人通过英国的 8 万台电视机收看了奥运会的转播。1951 年美国哥伦比亚广播公司（CBS）在对一场赛马比赛进行电视直播时，首次使用了彩色直播技术，因而成为世界电视史上的第一次体育赛事的彩色直播。在 1952 年举行的赫尔辛基奥运会上，磁带录音首次应用到奥运会项目上，轻便录音机被用作专访工具；电视每天有 2 分钟的免费新闻播报时间。1954 年，在瑞士举办的第五届世界杯赛中引入了电视直播，人们第一次在电视上看到了世界杯。尽管当时的转播仅限于欧洲地区的部分场次，但世界杯的历史却从此进入一个新的时代。1956 年，磁带录像机问世，给电视节目制作的方式带来了根本性的变化。在同年举行的墨尔本奥运会上，墨尔本奥组委出价 50 万美元，要把电视转播权出售给美国，但美国电视公司拒绝支付，他们提出"奥运会是新闻性质的，应免费提供"，最终墨尔本奥组委决定每天为美国提供 3 分钟的免费转播时间。当时，国际奥委会主席布伦戴奇就此事口出狂言："国际奥林匹克委员会在没有电视的情况下已经运行了 60 年，相信我，我们还可以继续以这样的方式运行 60 年。"布伦戴奇无视媒体特别是电视媒体的无知狂妄态度，仅仅在 20 年之内就呈现出了恶果，到了 1976 年，蒙特利尔奥运会已经由于忽视电视转播权的开发等原因出现巨额亏损，难以为继。世界杯第一次进行全球电视直播则是在 1958 年。英格兰的查尔顿、苏联的雅辛、巴西的加林查等不是出现在电影胶片而是面向全球观众的电视中。

## 二、体育电视转播的勃兴

直到 20 世纪 60 年代，体育电视与体育电视直播才真正开始全面勃兴。在此期间出现的地球同步通信卫星技术，使得体育赛事直播的电视信号能够迅及全球，极大地扩大了信号覆盖面和受众群，从而在世界范围内培育了一大批体育电视受众，而这些受众对体育赛事直播日益高涨的狂热情绪也促进了体育赛事和体育电视媒体的跨越式发展。

1960 年 8 月，美国第一颗人造通信卫星"回声号"发射成功，使得电视信号的传输与覆盖突破了在地球上由点到线再到面的局限，形成了空对地的大面积信号覆盖。媒介观念的更新与技术的进步同样重要，此时，媒介在社会中的影响力迅速发展，远远快于布伦戴奇的预想，国际奥委会不得不通过决议，确认奥运会是一种娱乐，可以出售。就在这一年，美国哥伦比亚广播公司以 5 万美元购买了加利福尼亚州斯阔谷冬奥会的转播权，其冬奥会转播获得了巨大成功，受到了各国电视观众的欢迎。受到鼓舞的哥伦比亚广播公司又一鼓作气以 39.5 万美元购买了 1960 年罗马奥运会的转播权。在这届奥运会上，有 100 多家电视公司向全世界报道了赛会的赛事。1962 年 7 月 10 日，美国太空总署发射"电星一号"卫星，进入环绕地球运行轨道。美国利用"电星一号"从美国将电视节目传至伦敦、巴黎两地的地面接收站，再转至当地的家庭用户。当时有 18 个国家的 47 家电视台参加了联播，观众超过了 2 亿。这一事件揭开了电视进入太空时代的新纪元，同时也为高水平体育赛事进行大规模全球直播做好了技术铺垫。

1963 年 2 月美国又发射了同步通信卫星"辛康姆号"，并于 1964 年通过"辛康姆号"卫星成功地对东京奥运会进行了实况转播，此举在全世界产生了重大影响。而东京奥运会开幕式则成为世界电视史上首个进行彩色电视卫星直播的体育赛事。通信卫星的运行使用标志着电视与体育赛事的关系更加紧密。卫星电视的跨洋直播，既增加了电视转播权的价值，也增加了奥运会比赛项目转播的时间和数量。这一年日本的电视普及率为 93.5%，日本女排参加东京奥运会女排决赛的瞬间收视率高达 85%。自此，世界重大体育赛事的现场直播更加普及，使这些重大体育赛事在全球的影响进一步扩大，奥运会、世界杯等重大体育赛事的电视转播权费用一路攀升，成为这些赛事的主要收入来源，正如萨马兰奇所说："是电视让奥运会存在下来，并繁荣发展下去。"其实，对于 NBA（美国男子篮球职业联赛）、NHL（北美职业冰球联赛）、NFL（全美橄榄球联盟）、欧洲足球五大联赛、欧洲足球冠军联赛等世界重大体育赛事，电视也是使它们存在并繁荣发展的巨大动力与必要保障。

1972 年慕尼黑奥运会组委会，第一次提供了专用的新闻中心和电视、广播大楼。1980 年举行的莫斯科奥运会，67 个电视台向各国转播了 6000 小时的奥运节目。1984 年洛杉矶奥运会在奥运史和电视史上都具有特殊的意义，此届组委会主席尤伯罗斯成为奥运史上不可抹去的记忆，他运用商业机制为奥运会筹措资金并获得赢利 2.23 亿美元，其中仅出售电视转播权就获得了 3.6 亿美元。这届奥运会的新闻中心也进一步扩大，占地达 2 万平方米。1988 年奥运会再次来到亚洲，在韩国汉城举办了第 24 届奥运会。韩国政府也吸取了奥运商业化的经验，仅电视转播权就取得了 4.3 亿美元的进账。当时，韩国还准备了光缆、微波、卫星等各种通讯线路共 24492 条，设置了 78 个电信中心。NBCC 美国国家广播公司派往汉城的工作人员多达 1000 人，并拥有 1000 万美元的先进设备。

## 三、体育电视转播的全面繁荣

体育电视转播的每一次大发展，都是以电子、通信等高科技技术的重大进步为支撑，所以体育电视转播水平的比拼终将是科技水平的较量，而正是这种体育电视媒体之间的良性竞争，极大地推动了世界重大体育赛事转播水平的整体提升。进入 20 世纪 90 年代，体育新闻传播逐步进入了全媒体时代。1992 年巴塞罗那奥运会，全面应用了高新科技和先进电子设备，并首次创立了专门的奥运会电视专用台——92 奥运电视台，电视转播收入首创 6.25 亿美元的新高。专业工作人员也达到 3100 人，向全世界转播巴塞罗那奥运会所有比赛项目，并创造了直播 98%比赛的新纪录。

1996 年亚特兰大奥运会，参与报道的广播电视记者已达 9413 名，美国东南地区 9 家电视台、5 个有线电视网均参加了报道。世界著名企业南方贝尔公司和 IBM 公司，为 1996 年奥运会修建亚特兰大奥林匹克通讯网络，直通世界上 5000 个地面卫星通讯站。全球有 200 亿人次的观众通过电视观看了本届奥运会。1998 年美国哥伦比亚广播公司首次以 HD（高清）方式转播了全美橄榄球联赛。2000 年悉尼奥运会，仅悉尼奥林匹克广播公司就对奥运会进行了 3200 小时以上的电视实况转播，动用 700 多架摄像机、400 多台录像机和 70 个室内外电视转播队，为 180 多家广播机构服务，与 1 万名有转播权的广播公司代表进行合作，为全球共计 250 亿人次的观众提供转播服务。在这届奥运会上，奥运与电视转播的结合已趋完美，全世界 220 个国家和地区通过电视转播收看了奥运会，其间共播出 29600 小时的赛事节目，电视转播费用超过了 14 亿美元。进入新世纪的世界杯足球赛也与电视转播共生共荣，取得了双赢。2002 年世界杯的 64 场比赛全球共有 400 多亿人次观看，其中巴西和德国的决赛吸引了大约 15 亿观众。为了转播 2002 年韩日世界杯，转播商 HBS 公司（瑞士家庭广播公司）雇用了 2800 名记者、摄像师、工程师，动用了长达 2800 公里的电缆、800 吨设备、260 架摄像机，以及 2800 个电视转播器，比赛转播信号覆盖 213 个国家和地区，转播时间总计多达 41100 小时。悉尼奥运会之后，奥运与电视转播的联系更加紧密，极大地促进了双方的发展。2004 年雅典奥运会期间，雅典向全世界提供了 3.5 万小时的电视转播，平均每个观众收看奥运转播节目的时间为 12 小时，全球有 39 亿人至少观看过一次电视转播，电视观众累计总人次达到 400 亿。2008 年北京奥运会，除了传统电视媒体，公交电视、地铁电视、手机电视等新媒体也加入奥运电视转播的大家庭中来。CCTV 国际、新华社等媒体也利用全新技术手段和多终端媒体平台，为观众奉献了奥运赛事网络文字、视频直播和点播节目，尤其是各种新型媒介都借奥运之机大显身手，互联网、手机和电视等传播平台有机结合，新旧媒体各显神通，实现了北京奥运会传播效果的最大化，北京奥运会电视转播在各种媒介的协同作战下取得了很好的传播效果。北京奥运会开幕式在中国大陆地区的收视率高达 40.54%，观众人数为 8.42 亿；闭幕式收视率为 33.12%，观众人数为 6.58 亿；奥运会期间，全国电视观众人均每日收看电视节目 189.4 分钟，而观众对央视的收看时间从 2008 年上半年的每天 54.0 分钟猛增至 98.8 分钟，创下了中国电视观众收视的最高纪录；提供奥运转播的 CCTV 在奥运期间的广告收入也高达 20 亿元。而在美国，同样也创下了收视纪录：2.21 亿美国人通过电视收看了北京奥运会。这一"不可思议"的收视率也是美国电视史上最高的。CCTV 索福瑞（CSM）的调查数据表明，从 8 月 8 日到 24 日北京奥运会期间，全球通过电视收看奥运的观众超过了 43 亿，约占全球总人口的 70%。此外，通过网络视频转播奥运赛事也获得了极大成功，仅在中国内地就有超过 1.02 亿人通过网络视频直播观看了奥运赛事。国际奥运会甚至表示，北京奥运会成为现代奥运会 112 年历史上观众最多的一届奥运会。

电视与各项体育运动密切接触是体育电视发展最显著的事实。与此同时，其他体育电视节目也在各个国家和地区显著增多，促使许多国家和地区先后开办了体育电视频道，专门用于制作和播出体育节目，并拥有全世界越来越多的体育频道受众。以奥林匹克运动为突出代表的体育运动与电视媒体的密切接触，以NBC、ESPN（美国娱乐体育节目电视网）、FOX SPORTS（福克斯体育）、SKY SPORTS（英国天空电视台），以及央视为先锋的世界体育电视频道的发展，使电视与体育相互之间产生了强烈的互动效应，这种效应促使双方迈向更加兴旺的发展局面。大量精彩的体育赛事也推进了体育电视转播中公用信号制作的标准化进程。伴随国际大型赛事日益提高的电视转播要求，目前，奥运会、世界杯等国际大型赛事的电视转播国际公用信号的制作已由"主办国模式"发展成为"多国模式"，有了一整套成熟的标准和规则、体系和概念，如国际广播中心、传送分配分发中心、电视转播综合区、评论员席、评论控制室、观察员席、混合区、卫星天线场、单边信号、多边信号、技术控制中心等。国际大型赛事电视转播中公用信号制作的突出特点是制作的标准化，即组织结构的标准化（电视制作区内的职位和人员构成的标准化）；技术设施的标准化、TV compound 技术系统组成以及规格标准化；技术方案的标准化（对于每场比赛项目讯道数、摄像机、话筒、机位制作人员的组成标准化）；画面构成的标准化（每场比赛前后都有固定的画面程序、字幕、慢动作的引出动画和统一的模板）等。

有鉴于此，对于一个真正有心称霸体育电视传媒界的体育电视媒体来说，引进先进国际公用信号制作的标准化十分重要，因为只有按照国际统一标准制作国际电视公共信号，并保证其质量稳定在一个相对高的水平上，才能使这个体育电视媒体真正融入国际体育电视传播市场的竞争与合作中。CCTV 在北京奥运会电视转播中的表现就极大地提高了我国在国际公共信号制作上的水平和能力，为今后中国电视媒体更广泛地参与世界体育电视转播奠定了基础。这里，我们也明显地感受到了大量精彩的体育赛事对推进体育电视转播中公用信号制作的标准化进程的巨大作用。精彩纷呈的世界级体育赛事还推动了以数字高清技术在体育赛事转播中的大量应用。时值今日，出色的新闻业务、雄厚的经济实力和先进的技术装备，已成为支撑当代新闻媒介的三大支柱。而数字技术亦正在成为支撑所有传媒的存在基础。技术标准与发展取向，正在改变不同形态传媒的边界，造就新意义上的数字媒体。数字化采编及远程制作系统对于涉及面广、持续时间长、时效性要求高的电视体育报道来说，更是如虎添翼，使电视体育报道的制作、传输与播出水平进入到一个新境界，并成为未来电视体育报道特别是体育电视转播的发展趋势。目前，世界各国都在电视体育报道的数字化方面做着积极努力，并取得了一定效果。例如，雅典奥运中，CCTV 在国际上首次采用国际电信线路进行高效媒体数据远程传输，首次采用先进的媒体网关技术进行实时信号收录，后方的工作人员在北京边收录前方传来的节目素材边进行编辑，大大提高了体育转播和新闻的时效性。可以预见，这种远程制作将成为今后电视媒体异地采访的一大利器。

当今体育电视传播界居于领先地位的国际体育电视传播大鳄，如 ESPN、SKY-SPORTS、NBC、FOX-SPORTS 等都已实现了电视体育报道的采、编、播全面数字化。我国则由于经济和技术条件的限制，目前尚无一家电视传媒能够做到电视体育报道的采、编、播全面数字化，但令人欣喜的是北京奥运会已在所有奥运会比赛项目中采用高清信号进行了电视转播，这也是奥运会电视转播史上新的突破，CCTV 还专门为此开通了一个数字高清频道，以求在这方面作出有益的探索，并促进中国电视体育报道数字化的全面实现。前 BOB（北京奥林匹克转播有限公司）首席运营官马国力先生也坦言，数字高清技术是北京奥运会电视转播里的最大创新，实际上这个机会也应该是世界电视技术的一个转折点，高清电视特别是其在体育转播中的信号质量和给人的冲击力是无与伦比的。因此，通过奥运会等世界级大型体育赛事的电视转播，加快了数字高清技术在体育电视转播中的应用进程，也推动了全球电视的数字化发展。

大量国际高水平赛事为体育电视转播提供了很好的节目资源，使其有了培养、打造自己的体育电视转播团队的良好契机，如北京奥运会电视转播，主转播机构 BOB 有来自几十个国家和地区的人员并肩工作。BOB 确定了包括中央电视台、北京电视台、广东电视台、江苏省广播电视总台、辽宁电视台、上海文广新闻传媒集团、天津电视台、浙江电视台等 8 家中国电视机构，负责制作北京奥运会的乒乓球、羽毛球、现代五项、足球、篮球、排球、网球等 7 个项目的电视转播国际公用信号，这是中国电视媒体第一次大规模参与奥运会电视转播。在各国体育电视转播人员组成的混合团队中，大家利用难得的练兵机会，密切配合，为不断完善奥运会电视转播团队模式提供了宝贵的实践经验，同时也为中国电视媒体提供了历史性的学习机遇，为中国电视媒体更广泛地开展国际合作积累了经验。

## 第二节　中国体育电视转播的发展与现状

中国体育电视转播的发展是伴随着中国体育事业的兴盛和中国电视业的长足进步而不断进取的。半个多世纪以来，中国体育电视转播无论是数量还是质量都发生了翻天覆地的变化。其中，中央电视台部分体育项目的转播水平已达到了国际水平。

## 一、中国体育电视转播的发展

由于特殊的电视传播体制所致，中央电视台就是中国体育电视转播最高水平的典型代表，所以在研究中国体育电视转播发展简史时，必须以中央电视台体育电视转播的发展为主线，辅以各地方台体育电视转播之发展状况进行梳理。因此，纵观中国体育电视转播的发展可将其分为五个阶段。

### （一）萌芽阶段（1958—1965 年）

1958 年 5 月 1 日，北京电视台（中央电视台前身）宣告诞生，开始试验广播。试播 4 个月之后，9 月 2 日正式开始播出。在早期的电视节目中只有电视新闻一种报道形式，其中就有体育新闻，这成为中国体育电视的萌芽。1958 年 6 月19 日，北京电视台（现在的中央电视台）实况转播了八一男女篮球队和北京男女篮球队的表演，这是我国第一次体育电视的实况转播。除此之外，中央电视台在1959 年第一届全运会期间，相继转播了开幕式和足球、篮球、排球等重要比赛实况。1961 年 4 月，第 26 届世界乒乓球锦标赛在北京举行，中央电视台在 10 天时间里转播了 14 场比赛，共计 35 小时。从 1958 年开办电视到"文革"前，电视参与转播的赛事"主要有 1959 年在北京举行的第一届全国运动会和 1961 年在北京举行的第 26 届世界乒乓球锦标赛，以及一些国内比赛和国际邀请赛"。

在中国体育电视的发展初期，由于受当时的物质条件和技术水平限制，我国体育电视转播的时段和时数并不固定，呈现出一种偶尔为之的状态，但体育电视转播这种堪称电视体育报道中最重要的节目形式毕竟在这一时期粉墨登场，来到了中国观众面前。

### （二）曲折发展阶段（1966—1977 年）

众所周知，"文化大革命"使我国各行各业遭受了沉重的打击，体育电视业当然也不可能例外。这一时期，我国体育电视节目的发展出现了停滞不前甚至严重倒退，绝大部分体育电视节目停播，如中央电视台的《体育爱好者》和《体育运动》，以及全国各地方台的体育节目。这种情况一直到 1972 年之后才有所好转，中央电视台的《体育节目》即是在此后恢复播出的。

这一时期的中国电视体育事业，整体上受到了政治风波的猛烈冲击，但在某些电视传播及制作技术上也取得了一定的进步，如中央电视台最初的赛事转播往往是和中央人民广播电台联合，共用一个呼号，使用同一名解说员，这种情况一直持续很长一段时间。直到 20 世纪 70 年代初，中央电视台才真正独立开始体育赛事实况转播。1973 年 10 月，中央电视台和湖北电视台合作，第一次成功利用微波干线把全国乒乓球锦标赛的视频、音频信号从湖北传到北京，进行全国实况播出。处于改革开放之前的这一时期国内尚没有专门的体育频道，也几乎没有电视台配备体育组这样的建制，体育赛事电视转播也很少。但显而易见的是，这些零星的体育电视转播，已经为改革开放后中国体育电视转播的大发展暗中积蓄了力量。

### （三）恢复发展阶段（1978—1991 年）

20 世纪 80 年代初中国开始改革开放，各行各业都发生了翻天覆地的变化。我国体育电视业迎来了发展的第一次高潮。首先，当时我国电视机社会拥有量达到 3000 万台，并在逐年增加。其次，改革开放后，民族振兴需要情绪的一个释放，体育担当了这样一个"社会安全阀"的作用。此时，国人有了通过体育电视转播欣赏我国健儿在世界大赛中的优异表现，以及世界高水平赛事的可能和心理需求。

1978 年以后，中央电视台开始大规模地转播赛事实况。1978 年 6 月 25 日、26 日和 7 月 2 日，在阿根廷首都布宜诺斯艾利斯举行的第 11 届世界杯足球赛半决赛和决赛期间，中央电视台第一次通过国际通信卫星从国外传回电视图像和伴音信号，配音播出。这是中国电视体育史上首次体育实况卫星转播（马国力等，2005 年）。1978 年 12 月，第 8 届亚洲运动会在泰国曼谷举行。中央电视台体育记者首次亲临比赛现场，通过通信卫星对国内进行体育赛事实况转播。1981 年 9 月，首届北京国际马拉松赛在北京举行。由于马拉松比赛时间长、比赛场地不集中等原因，向来是电视体育转播中的难点。因此，对马拉松比赛转播质量如何，在一定程度上反映了一个国家电视体育的转播水平。本届比赛中央电视台出动近 200 名工作人员，动用摄像机 16 台，各种车辆 30 多部，经过不懈努力、顽强拼搏，终于成功地实况转播了北京国际马拉松比赛。这次转播无论在规模还是水平上，都预示着中国电视体育赛事的转播开始迈向新的高度。1981 年 11 月的世界杯女子排球赛，中央电视台首次通过国际通信卫星，全程转播了中国女排荣获第一个世界冠军的比赛实况。这一时期，除了中央电视台之外，地方电视台的体育转播也得到比较快的发展，如 1983 年第五届全运会上海电视台就实况转播赛事 28 场。此时，在广电主管部门"四级办台"的指导方针引导下，地方办台的积极性高涨，截至 1986 年，全国范围内已有地方电视台 200 余家。1980 年，中央电视台体育部成立。1982 年，中央人民广播电台体育部成立。体育报道已经成为广播电视新闻的重要内容之一。大部分省市级电视台在 1980—1986 年成立体育部，开办体育节目。

中国开始介入奥运会转播，是在我国重返奥运大家庭后参加的第 23 届洛杉矶奥运会上。1984 年，CCTV 开始转播奥运会比赛，这也是我国在体育电视转播中大规模使用国际公用信号的开端。当时，CCTV 的报道力量薄弱，并没有租用自己专门的转播线路，只能借用中国香港电视台的信号。只派出 5 名工作人员去洛杉矶做前方报道，另有十几个人在香港，由于技术和人员不足，CCTV 与美国新闻总署合作，由对方提供一部摄像机。开始的四五天，每天只能播出 90 分钟，后几天才逐渐增加到四五个小时。就在如此简陋的情形下，CCTV 在这届奥运会期间成功地转播了开幕式、闭幕式、体操、跳水、举重、击剑、手球、篮球、排球、柔道等精彩比赛，并播出每集 1 小时的专题报道《洛杉矶奥运会》，共 30 集；播出新闻 53 条；发表评论 3 篇，总计播出 70 多个小时的节目。

回眸历史不难发现，在中央电视台奥运转播史上，20 世纪 80 年代的两届奥运会只不过是一个初始期。由于资金、技术、人员素质等因素的制约，中央电视台在 1988 年第 24 届汉城奥运会的转播中也没有表现出突出进步。当时中央电视台去了 18 个人，办公室的牌子上是香港 TVB（香港电视广播有限公司）和 CCTV，TVB 在前面，CCTV 在后面，也没有什么栏目，只是转播。每天的报道量为 8 小时，全程不超过 200 小时。1990 年在北京举办的第 11 届亚运会成为中国体育电视直播大发展的良好契机。北京亚运会也顺理成章地成为中国体育转播的一个发展高峰。其间，中央电视台承担了开幕式、闭幕式、田径、足球等项目的实况转播任务，其他大部分项目均由 17 家地方电视台、北京广播学院等单位承担。之前的国际大型赛事 CCTV 在转播时都是利用国际公用信号，而这届亚运会的电视转播是我国首次用自己制作的信号对洲际以上的大型综合性体育赛事进行大规模转播，为我国的体育电视转播团队培养了人才，积累了经验，也为 20 世纪 90 年代中期我国体育电视转播的全面繁荣做好了技术准备。

### （四）全面繁荣阶段（1992—2004 年）

在 1992 年邓小平南方谈话之后，我国改革开放的指导方针更加明确，社会政治、经济、文化等各方面都开始产生深刻的变革，借此东风，我国的体育电视转播事业也逐渐步入了繁荣。在市场经济模式的建立和完善过程中，电视台开始向多种传输渠道发展。以上海东方电视台创建独家经营的模式为先导，形成了中央电视台、有线电视台、教育电视台、地方卫星电视台等多家电子媒体鼎立的格局。随着中国电视机和电视台的增加，以及电视体育类节目播出时间和节目数量的增加，为满足广大观众的需求，各电视台相继开设了专业体育电视频道。1993年12月12日，全国最早的电视体育频道——上海电视台有线体育频道在上海开播，目前以每天17个小时的播出容量向上海220万用户、近800万城镇观众提供丰富多彩的国内外电视体育节目。至此，中国的体育电视也从先前的零散自由状态发展到有相当影响和规模的体育专业频道。专业频道的成立给体育转播提供了丰富的播出时段和充盈的展示空间，形成了遍及全国的体育电视热。

1992年巴塞罗那奥运会，中央电视台派出28人前往西班牙，租了一间10平方米的办公室，在北京有四五十人做后方报道。早间、午间、晚间三个时段开辟了滚动报道，报道时间增加到250小时，第一次在奥运会上有了自己的声音。随后，在1994年推出的中国足球职业联赛（甲A联赛），为CCTV和各地方台的电视转播提供了丰富的赛事资源。可以说，甲A联赛恰恰就是借助大量的电视转播才引起国人的极大关注，成为当时中国的第一联赛。当然，这些转播也为各地方台培养了大量体育赛事转播的技术中坚，如导播、摄像以及现场的音频、视频工作人员，其中的一些人至今仍活跃在我国的体育电视转播界。1995年中央电视台第5套节目的开播，更为体育报道提供了全天候的报道空间，使热爱电视体育节目的观众可以收看到更多的体育节目，同时，这也为CCTV大量进行体育赛事转播做好了频道资源准备。此后，专业频道所拥有的时段优势和样式特有的信号覆盖优势被CCTV体育频道发挥得淋漓尽致，使该频道成为中国的"体育电视第一频道"。1996年的亚特兰大奥运会，是CCTV体育频道开播后第一次转播奥运会，在这届奥运会上，CCTV体育频道派去了60名前方记者，有了相当大的规模，报道时间也一下增加到600小时。这一时期，除甲A联赛外，CCTV和各地方台积极开发了很多新的体育赛事转播节目资源，如世界杯足球赛、欧洲足球五大联赛、NBA，以及国内的CBA、排球联赛等，使得我国各个体育电视频道渐趋繁荣。由于各地经常举办世界大赛或大型活动，地方电视台体育转播能力也大有提高。1996年第三届亚冬会期间，黑龙江电视台对9个比赛项目中的6个项目进行实况转播，传送现场信号的时间总共约200小时。1999年天津电视台对在天津举行的世界体操锦标赛进行公用信号制作，为了对全球20亿观众进行有效转播，天津电视台会同兄弟单位，用25台摄像机参与拍摄，结果天津卫视的收视率在体操世锦赛期间上升了7个百分点。

进入新世纪，我国体育电视转播依然在循着健康的轨道发展。2000年悉尼奥运会成为中国体育报道走向成熟的标志。当时我国派出108人的报道队伍，做到了同步报道，并对中国队可能拿金牌的项目尽量用"体育大片"来呈现。对"体育大片"的概念，当时的体育部主任马国力的解释是，"就是做到比赛的故事化，我们要用各种手段去强化悬念。比如说体操，中国队可能拿冠军，那我们会提前一个月来做宣传片，体操谁拿冠军，几点到几点。有这种时间倒计时，当天就开始预告，越到比赛时间前频率越高。"其实，这种注重体育赛事的包装、预告的立体化转播手段并不是CCTV的独家创新，一些知名国际体育电视传媒如NBC、ESPN、SKY SPORTS等在其体育赛事转播中早已采用了立体化转播，CCTV只不过是把这种转播理念移植到了其大量的赛事直播中罢了。2001年我国加入WTO（世界贸易组织），国际化程度进一步提升。恰逢此时，我国广播电影电视界也掀起了轰轰烈烈的集团化和专业化浪潮，加之这一年7月北京申奥成功、10月冲击世界杯足球赛决赛阶段的比赛成功，各种条件、因素的综合作用，使得我国体育电视有了新的发展，具体表现为体育赛事转播的水平进一步提高和地方台体育专业频道数量的进一步增加。在这一时期，引领中国体育电视转播潮流的CCTV，借助雅典奥运会之机，进一步提高了转播水平，显露出中国体育电视传播霸主的真龙之相。立体化转播的理念在2004年雅典奥运会得到了延续，CCTV这次派出170人的报道团队，租用了400平方米的工作间。主频道（CCTV-1、CCTV-2、CCTV-5）加上两套数字付费频道，在雅典奥运会期间总共播出时长超过1400小时，是悉尼奥运会的两倍，处于世界领先水平（买断美国转播权的NBC用7个频道转播1500小时）。特别值得一提的是，在这届奥运会的电视转播中，CCTV首次参加了乒乓球、羽毛球、现代五项三个项目国际电视公用信号的制作。这标志着CCTV在部分体育项目的转播水平上已经达到了国际先进水平，并得到了国际体育电视转播界的认可。这在中国体育电视史上是一个里程碑。事实证明，雅典奥运会的大规模转播达到了极好的练兵效果，为CCTV的北京奥运会转播打下了坚实基础。

（五）垄断阶段（2005年至今）

雅典奥运会之后，由于政策、资金、节目资源、信号覆盖面等原因，地方台体育频道的天生不足凸现出来。由于地方台体育频道的自制节目能力普遍不足，又不得不依靠 ESPN 的节目作支撑，最终的结果只能使观众越来越少，收视率越来越低，广告收入越来越少。没有收入或收入很少当然也就不可能再去购买精彩赛事的转播权，这样整个频道的运营也就进入了恶性循环，全国绝大多数地方台的体育频道纷纷关停并转。而 CCTV 则依靠资金、人才、设备、节目资源、政策倾斜种种优势，使得其能够在以版权买卖为突出特征的国际体育电视市场如鱼得水、游刃有余。早在北京奥运会之前，CCTV 体育频道就因占据政策优势和"中国第一台"的平台优势，在体育赛事转播上处于绝对垄断地位。

2008 年北京奥运会，CCTV 更是利用东道主之便进一步向世界展示了自己的实力，也促进了自己电视转播水平的进一步提高。在北京奥运会上，东道国的电视机构大范围地参与了信号制作，全国共 10 个电视台，16 个团队，579 人承担了足球、篮球、排球、乒乓球、羽毛球、网球、现代五项共 7 个项目的国际公用信号制作，改写了东道国少量参与奥运会电视公用信号制作的历史。中国的电视制作团队用实力赢得了国际同行的赞扬和尊重，给国际奥委会和世界体育电视界留下了深刻印象。为备战北京奥运会的电视转播，CCTV 和各地方台都进行了大量的严酷演练，如中央电视台在 2007—2008 年短短一年间，利用各种单项赛事和"好运北京测试赛"，全面展开实战演练，多达 3700 小时，积累了丰富的实战经验。由于体育电视转播要求参与人员应具备丰富的实践经验，所以这些大规模的演练为此后北京奥运会中国体育电视制作团队的良好表现打下了良好基础。拥有了较为丰富的实战经验后，"中国团队"在北京奥运会上粉墨登场，开始了自己的惊艳表现。中国体育电视公用信号制作军团"吃掉"了所有足球主场和分赛场的公用信号制作任务，投入了北京、上海、天津、广东、辽宁五个台的精兵强将。中央电视台则派出了 5 支队伍，共 244 人，负责制作篮球、排球、乒乓球、羽毛球、网球、现代五项共 6 个项目的公用信号制作任务，完成的节目量为 738 小时，占北京奥林匹克转播有限公司（BOB）3800 小时总量的近五分之一，信号制作质量、制作标准的精确性和团队的合作沟通能力均得到了外国同行、国际奥委会和 BOB 高层的一致好评。BOB 首席执行官罗梅罗先生称赞中央电视台公用信号制作团队经验丰富，业务能力强，表现了国际大台信号制作团队的良好职业素质。毋庸置疑，经过此次北京奥运会部分项目的国际电视公用信号制作，我国已经在这些项目上具备了较高的电视转播水平，成为国际体育电视转播市场上的一支重要力量。

北京奥运会以后，CCTV 体育频道依靠其在北京奥运会期间积累的经济实力、人才实力和品牌实力成为中国体育电视界的"巨无霸"，使国内同行难以望其项背，其垄断地位进一步确立，宣告了其无法撼动的统治优势。目前，国内各种性质和形式的体育电视媒体，如各地方台体育频道、CSPN（部分地方台联合组成的体育电视制播平台）、付费体育电视频道（天盛传媒等），以及移动电视、手机电视在短时间内都无法与CCTV抗衡。因此，CCTV在中国体育电视转播市场的垄断之势业已形成。

## 二、中国体育电视转播的现状

在2008年北京奥运会中，作为持有本届奥运会中国国内转播权的中央电视台较为出色地完成了这届奥运会的电视报道任务，同时也较好地完成了部分项目的公共信号的制作任务，为全世界200多个国家和地区提供电视公共信号。毋庸置疑，中央电视台作为国家电视台，在北京2008年奥运会的报道中占据着举足轻重的地位，把握了机会，完整、顺利地经历了奥运会信息转播的全过程，这对以中央电视台体育频道为龙头的中国体育电视转播界来说无疑是一次历史性的飞跃和发展。可以说，中国体育电视依托这届奥运会的转播获得了前所未有的发展契机，在人才培养、播出平台的扩张，以及设备和传播理念的更新等诸多方面，许多国内电视机构都成为受益者，在不同程度上均有所进步。在国内目前有限的竞争空间中，在今后相当长的一个阶段里，CCTV在中国体育电视转播界仍将处于绝对的统治地位。但是，中国体育电视转播界绝非死水一潭，其他的体育电视传媒甚至包括一些世界著名的体育电视传播巨人，如NBC（美国全国广播公司）、ESPN、SKY SPORTS等都在寻找机会，力图冲破这一死局。因此，不难看出当代中国体育电视转播将伴随着中国体育产业的发展而在一定程度上产生变革，虽然这种变革可能是温和与缓慢的。

### （一）CCTV体育频道——垄断地位难以撼动

中央电视台经过数十年的发展已然成为中国处于绝对统治地位的第一大台，在资金、人才、设备、节目资源、政策倾斜等方面都是各地方台根本无法赶超的。正是有了以上的种种优势，使得CCTV能够在以版权买卖为突出特征的国际体育电视转播市场如鱼得水、游刃有余。可以毫不夸张地说，现在只有CCTV不想转播的体育赛事，而没有其不能转播的体育赛事。在各地方台体育频道纷纷关停并转或勉强支撑之时，CCTV体育频道这个中国体育电视转播的领导者早已与国内的这些所谓的竞争者分道扬镳，并一骑绝尘地向着国际一流体育电视传媒的目标奋进了。实际上，在北京奥运会以前，CCTV 体育频道就因占据政策和"中国第一台"的平台优势，在体育赛事转播方面在中国体育电视界处于绝对垄断地位。曾经在中央电视台任职的凤凰卫视中文台执行台长刘春认为，除了娱乐节目外，CCTV 几乎横扫天下，其体育节目已经完全占据垄断地位，除了英超和世界重量级拳击赛外，其余所有国内外重要赛事的直播均被其尽收囊中，特别是奥运会和世界杯足球赛，CCTV 的垄断令人望而生畏。多年来 CCTV 就是利用其国家电视台的特殊定位和人民赋予的公共资源，取得了在中国电视界的至尊地位。例如，在北京奥运会、温哥华冬奥会等大型综合性赛事转播中，CCTV 的播出平台之多、节目播出时数之长、节目面之广，堪称中国体育电视史之最，彰显了其强大实力。与此同时，CCTV 在其转播中采用赛场直播、演播室直播、新闻直播等多种直播形式，增强了转播效果。

### （二）地方台体育频道——举步维艰

纵观 20 世纪末席卷我国电视界的频道专业化浪潮，既有成功的范例，也不乏失败的典型，而其中各地方台体育频道日渐式微的走势便是明证。事实说明，在现有市场和体制没有发生重大变化的前提下，国内体育电视媒介格局并不会发生太大的变化，处于 CCTV 体育频道巨大阴影下的各地方体育频道要有大的作为已几无可能。这从北京奥运会各地方体育频道的表现就能略见一斑，由于国际奥委会与 CCTV 早已达成协议，北京奥运会中国内地的赛事转播权已被 CCTV 购买，地方电视媒体需要播出相关的内容，必须向 CCTV 购买，而赛场内的新闻报道权也已经由其独家获得，因而造成众多地方台在奥运报道中因没有节目源而无计可施，不得不草草推出一些谈话节目交差了事，这对自身形象、广告推广、收视率等都是非常不利的，但在竞争中处于弱势地位的各地方台体育频道在目前条件下也只能祭出如此无奈之举。

目前在国内各地方体育频道中，除了北京、上海、广东三地的省级体育频道处于良性发展的态势，其他体育频道的发展前景均不乐观。2003 年，国内各省级台几乎都拥有体育频道，但时值 2007 年年底，这个数字减少到了 17 个。多位省级台体育频道总监甚至承认，在各自台内的各频道中，体育频道的收视率和广告收入长期排在末尾，直接面临着末位淘汰的可能，随时有可能关停并转、更张改弦。虽然在 CCTV 体育频道的强力挤压下，但各地方台体育频道也没有坐以待毙，采取了多种方法试图从中国体育电视转播市场分得有限的市场份额。对于它们来说，和 CCTV 分庭抗礼是完全不可能的，但为了自身的生存，采取一种松散联合应是目前条件下最为稳妥有效的形式。早在 2004 年奥运会期间，国内省级体育频道就曾经联合远赴雅典进行赛事报道。2007 年，7 家地方电视台体育频道走到了一起，组成了号称"中国最大的体育电视联播平台"——CSPN（地方体育电视频道联合播出平台），试图通过播出平台的整合与延展，进一步提升对于资源和市场的占有。CSPN 的横空出世虽然可能对国内体育电视媒介的格局变化产生一定的影响，但短期内还不足以对 CCTV 体育频道形成大的冲击。因为从购买海外赛事转播版权的资金和节目制作团队来看，即使是多家联合，省级体育频道也与 CCTV 存在着巨大差距。例如，单从制作队伍规模上看，CCTV 体育中心就有 1000 余人，而绝大多数省级体育频道的制作团队规模仅相当于它的 1/20，并且两者的人员素质、技术设备等也存在较大的差距。而在对体育频道最为重要的节目资源上，CCTV 更是一台独大。由于经济实力雄厚和政策特殊，CCTV 不仅可以独家购买到奥运会和世界杯这两大世界体坛最受瞩目的核心体育赛事的中国内地转播权，而且在目前条件下，CCTV 还拥有了 90% 的国内赛事和 80% 的国际赛事资源。所以，面对 CCTV 这个实力强劲的竞争对手，CSPN 要想在中国体育电视转播市场取得一定市场份额将会非常困难，并且这种松散联合的基础并不稳固，其中存在着局部利益与整体利益之间的协调问题则是其天生的痼疾。所以，CSPN 的前景并不是其成员想象的那样乐观。

对于一个体育电视频道来说，其最重要的节目支撑就是体育赛事转播，而各地方台体育频道的短板就是节目资源——赛事资源，而节目资源的获得要靠雄厚的经济实力，有了经济保障才可能购买到体育赛事的转播权，而只有在经济发达地区精彩的体育赛事转播才能获得与其质量相吻合的广告回报，有了适当的广告收益，电视台才可能形成良性循环，得到发展。北京、上海、广东这三个经济、体育强省的体育频道成功的例子恰恰说明了这一点。由于国内绝大多数省级电视台根本无法负担体育赛事的版权费用，于是，在失去了重大国内、国际体育赛事转播权之后，"无米下锅"使各省级台体育频道走向消亡就将成为必然。

### （三）付费体育电视——尚待时日

付费电视虽然在欧美电视观众中已司空见惯，但在中国却是一个新生事物，中国民众仍习惯于每月每户近 20 元的收视费，殊不知这实际上就相当于免费看电视，尤其对需要巨额资金购买转播权的体育电视更是如此。所以，当从

2007—2008 赛季开始，天盛传媒（以下简称"天盛"）买下了未来 3 年英超在中国内地电视转播权之时，部分愤怒的球迷声称要抵制天盛的欧洲足球频道，让天盛在 3 年内血本无归，3 年后重新迎回英超免费时代。因此，在很长一段时间，天盛的营销非常困难，近年天盛陆续进行了全国性的裁员，足见其经营状况并不理想。

天盛的初衷是通过对体育节目资源的占有与整合，以期达到对播出空间的扩张和对传播方式的变革，这在中国体育电视转播市场上曾引起极大反响，甚至决定了 ESPN 及部分省市级体育频道的生存状况，这具有划时代的积极意义。但目前看来时机尚不成熟，天盛此举却并未获得好的结果，个中缘由颇值得探讨。首先，中国民众并没有养成付费看电视的习惯。在中国目前的经济条件和收入水平下强行推出付费电视是不合时宜的，也必然会受到绝大多数观众的抵制。要想把已习惯于观看免费电视数十年的中国观众一下推入付费电视时代绝非易事，必须做大量的前期工作，如政府的宣传号召、媒体的推进等。从这个层面上看，天盛的失妥之处恰恰在于缺乏仔细、务实的市场调查，而对预期的营销状况过于自信，强行推出收费节目就恰恰露出了自己的软肋。其次，中国观众中体育爱好者的比例较低。仔细分析中国电视受众就会发现，由于文化传统、民族性格、收入水平、就业压力等诸多因素的影响与制约，中国电视受众中喜爱经常收看体育赛事转播的并不多，而在非常有限的体育电视受众中喜欢足球赛事的就更有限了，加之 CCTV 体育频道目前在免费的开路电视中直播了欧洲五大联赛中的四大联赛，只缺英超，所以，天盛此前对中国球迷对英超喜爱的程度显然是高估和过于乐观了。最后，中国电视网络运营模式是付费体育电视无法冲破的桎梏。目前，中国网络割据的局面无论是靠行政手段，还是靠市场手段，暂时都是无法改变的。付费观看体育比赛的盈利模式也仍然无法达到投资者的预期。这个市场的培育期到底需要多长时间至今还没有人能够给出一个客观的答案。付费体育电视也许将是未来中国体育电视重要的播出和经营方式，但在此之前需要有一个漫长的预热期。无论成功与否，天盛都在其中扮演了自己的角色，作出了有益的探索。

中国体育电视在北京奥运会期间得到了极大的发展，传统体育电视频道依然在体育媒介市场中占有主导地位。根据体育电视传播的规律，在未来几年中，在 CCTV 享有体育赛事转播特权政策，以及中国禁止国外媒体进入中国市场的规定不变的情况下，CCTV 体育频道的垄断地位无法撼动，地方台体育频道危机四伏，付费体育电视的发展将困难重重，中国体育电视转播市场的格局将鲜有变化，而技术的革新所体现的传播价值将为手机电视、网络电视等新媒体带来美好未来。

由于国家体育总局长期以推行"奥运战略"为其工作重点而忽视了各热门项目联赛的建设，使得我国的联赛因组织混乱、法规缺失、市场化程度低、职业化运营不力而水平低下，对观众难有吸引力，也造成了我国地方台体育频道和付费体育频道无法在国内取得高质量的赛事资源，只能依靠 ESPN 等境外体育电视媒体提供的赛事资源勉强生存，一旦 ESPN 的赛事资源质量无法保证，我国的地方台体育频道和付费体育频道便会陷入困境，难以为继。所以，中国的地方台体育频道和付费体育频道发展受阻的深层原因就在于中国缺乏高水平的联赛，使我国体育电视媒体和体育电视转播的全面、均衡发展失去了依托，成为无源之水。显而易见，国内高水平职业联赛的缺乏已经愈发明显地钳制了大多数中国体育电视媒体赛事转播水平、技术、规模的进一步提高。虽说中国体育电视转播的现状表现出了发展不均衡的态势，但从 2008 年北京奥运会至今，结合中外体育电视转播的特点，仍可从中梳理出今后体育电视转播的一些发展趋势。

### 1. 在电视体育报道中体育电视转播将更加重要

进入 21 世纪以来，随着电视传输技术的飞速发展，直播已经成为电视体育传播的常态，而在众多新闻题材中，竞技体育是最适合用直播形式来传播的。通过直播，可以最大程度地体现体育新闻的时效性。与此同时，观众不仅可以亲眼目睹选手在比赛中的真实表现，而且也可以清楚地了解比赛的进程。这种酣畅淋漓的感觉是录播节目所没有的。目前，体育赛事采用直播报道已经成为主流形式。而在对奥运会、世界杯这样重大体育盛会进行电视报道时，直播将是必不可少的方式。

### 2. 立体化体育电视转播大行其道

多年来，电视传播尤其是体育赛事直播都在深度报道上无所作为，可以说在这一点上电视与报纸甚至杂志都相距甚远。鉴于此，国内外电视体育人经过长期探索，在体育赛事直播中终于推出以单边注入方式为主要特征的立体化直播，使传统的体育赛事直播从形式到内容都发生了根本变化，一改从前的呆板模式，重新赢得了受众的关注。所谓单边注入方式，就是在比赛的第一时间采访运动员或与运动员有着密切联系的人员，从各个侧面多角度地反映赛事或运动员本身，以达丰富赛事直播的根本目的。在 2008 年北京奥运会的电视报道中，CCTV 大量采用单边注入点的报道方式作为电视直播的补充取得了很大成功，成为其奥运会电视报道的一大亮点。为了能在第一时间现场采访运动员，中央电视台开始在北京的比赛场馆租用直播摄像机，设置单边注入点。由于是在比赛结束后的第一时间采访选手，所以无论运动员发挥得好坏，他们的反映都是最真实、最直接的。在 2008 年北京奥运会的赛事转播中，这种立体化方式已被越来越多地应用，受到业内专家和观众的一致好评。可以预见，随着时代的发展，立体化体育电视转播在形式上将更加多样，极大地增强电视体育报道的时效性和现场感，使电视体育报道在与报纸体育报道的竞争中丝毫不落下风。

### 3. 体育电视转播标准化

从中国体育电视转播团队参加雅典和北京奥运会电视公用信号制作的成功经验来看，要想在国际体育电视转播市场上占有一席之地，赢得国际同行的好评，体育电视转播团队的运作及其具体制作流程就必须符合国际惯例，这样才有了在国际体育电视转播市场上与其他制作团队共同竞争的基础。因此，在日常体育赛事转播中也应该以国际电视公用信号制作的标准严格要求，尽管这在中国现有的人员、物质条件下还有一定难度，但这应该是积极努力的方向。目前，业内专家评判体育电视转播水平所考察的因素有三，即画面、国际声和字幕图形。一个电视机构所制作的国际体育电视公用信号，既要符合该项体育赛事的竞赛规则，又要迎合观众的欣赏习惯。国际体育电视公用信号是不带有任何解说声的，也就是没有任何语言记录比赛的真实记录。在字幕、图形的使用上，也应做到专业化、规范化、色彩适当而特色鲜明。体育电视转播就需要这样的专业化、标准化。由于西方国家在体育电视转播的标准化上有着悠久的历史与丰富的经验，因此必须虚心学习，以提高自己的转播水平。

### 4. 体育电视转播全面数字化

时值今日，出色的新闻业务、雄厚的经济实力和先进的技术装备，已成为支撑当代新闻媒介的三大支柱。它们各自独立，又相互紧密联系，缺一不可。而数字技术亦正在成为支撑所有传媒的存在基础。数字化采编及远程制作系统对于涉及面广、持续时间长、时效性要求高的体育电视转播来说，更是如虎添翼，使体育电视转播的制作、传输与播出水平进入到一个新境界，并成为未来体育电视转播的发展趋势。

目前，世界各国都在体育电视转播的数字化方面做着积极努力，并取得了一定效果。以高新数字技术为基础的电视转播新技术也不断地出现在体育赛事转播中。2010 年 1 月 31 日，SKY SPORTS 首次采用 3D 技术直播了英超联赛曼联与阿森纳的比赛，这是人类历史上第一次通过 3D 技术直播体育比赛，无论是在体育史上还是在电视史上都是一座划时代的里程碑。3D 直播技术一经出现，便以

**图1-1　3D技术赛事直播受到广大体育迷追捧**

其动感极强的画面冲击力受到电视媒体和广大球迷的追捧，风靡一时（图1-1）。

2010年6月，国际足联与索尼公司合作，采用3D技术拍摄与转播，对2010年南非世界杯25场比赛进行了3D技术直播，并用3D信号传送，在全世界特意搭建的3D展播台上播放。此次，全球有7座城市的球迷一饱眼福，包括伦敦、墨西哥城、巴黎、里约热内卢、罗马与悉尼。虽然3D技术直播的制作成本高昂，接收终端（解码器、3D电视机、特制眼镜等）价格不菲，以及并非所有的体育项目都适合3D技术直播，但随着时代的发展，3D技术赛事直播必定会越来越多地呈现在我们面前，这是体育电视转播的必然趋势。

我国则由于经济和技术条件的限制，尚无一家电视传媒能够做到体育电视转播的采、编、播全面数字化，但令人欣喜的是，中央电视台已在2008年北京奥运会期间开通一个数字高清频道，并在为BOB制作国际电视公用信号时，完全采用了高清制作格式和5.1环绕声，在体育电视转播数字化方面作出了有益的探索，并促进了体育电视转播数字化的全面发展。

## 思考题

1. 职业体育运动的发展与电视转播的关系是怎样的？
2. 制约中国体育电视转播进一步发展的因素有哪些？
3. 你认为体育电视转播还将出现哪些新趋势？

# 第二章　体育电视直播节目

**【本章提要】** 体育电视直播节目主要包括电视体育新闻直播节目、体育赛事直播节目、电视体育专题节目、电视体育专栏直播节目等类别，具有时效性强、包装精美、直播高科技化、互动性强等突出特点。

随着电视的普及和电视技术的发展，近年来，体育电视节目也出现了多种节目形态，如体育新闻、赛事直播、各类综合性专题节目、体育综艺节目、体育纪录片等节目形态应有尽有，满足了受众的不同需求。但是，归根结底，这些体育电视节目可分为体育新闻节目、赛事直播节目和体育专题节目三大类，且都适合于直播。

# 第一节　电视体育新闻直播节目

电视体育新闻直播节目是体育电视节目中最为常见的常态性动态信息类节目，主要以国内外重大体育资讯为主，涵盖体育赛事、大型赛事组织、体育公众人物和与其相关的内容。这类节目是众多电视媒体的基本节目形态，一个电视媒体只要有体育节目，就必然首选体育新闻节目，并且，电视体育新闻直播节目之所以能自成一类，也是因为其具有独特性。

## 一、内容以竞技运动为主且具国际化视野

现代体育的涵盖面已非常广阔，除了竞技体育之外，还有社会体育、学校体育、大众体育等多方面内容，但竞技运动永远是电视体育新闻直播节目最主要的内容，如以 CCTV5 的《体坛快讯》《体育新闻》《体育报道》《体育世界》四档节目为例，每天竞技报道至少占 90% 的时间。竞技运动天然具有的悬念性、新鲜性、趣味性、刺激性，决定了受众对竞技运动新闻报道的需求取向，同时也

决定了电视体育新闻必然要突出竞技报道以吸引观众眼球。再有，遍及全球的各种竞技体育赛事涵盖了几乎所有的体育项目，为电视体育新闻报道提供了丰富报道素材，如在国际体育综合性竞赛中，有最具影响的国际奥林匹克运动会等。单项国际体育竞赛有世界杯足球赛、世界乒乓球锦标赛等，这类国际竞赛几乎包括了目前在全世界开展的所有运动项目。除了这些世界性的国际竞赛外，还有以地域为中心的各种运动竞赛，如欧洲足球锦标赛、东亚地区运动会等单项和综合性地区运动会，这些运动会都形成了相对稳定的举办时间、制度和组织形式，据统计，几乎每天都有一项国际间的大型运动会举行。与此同时，各个国家还有本国每年定期举行的各种围绕国际大赛而进行的国内运动竞赛，以及本国民族传统体育项目的运动竞赛。而且，这些竞赛的组织者为了吸引更多参与者，为竞赛的开展筹集更多经费，不遗余力地开展公关活动，邀请电视媒体参与，从客观上也造成了电视体育新闻报道内容的竞技化。在世界上绝大多数竞技体育已变化为职业体育的今天，作为职业体育最显著特征的职业明星备受公众关注，这也决定了电视媒体在进行体育新闻报道时要以职业体育和职业体育中的明星为主，以期提高收视率。

目前，国内外电视媒体的电视体育新闻传播内容已从国内体育延展到国际体育。为了更好地报道国际体育赛事，许多电视机构走出国门进行报道。当然，这有赖于传播意识的提高、经济的发展和技术的进步。例如，在大型国际体育赛事上，国内电视机构纷纷设置前方演播室，2004年雅典奥运会，CCTV在雅典、北京各设立一个演播室，其中，雅典演播室向国内传送第一手赛事信息并制作晚间奥运特别节目。此外，在F1（一级方程式赛车世界锦标赛）、环法自行车赛、达喀尔汽车拉力赛等国际著名赛事中，都有中国电视记者现场采访的身影。中国电视体育新闻报道开始具有国际视野，体现了国际性的特色。CCTV体育频道每天多个时段播出体育新闻，并且这几档节目都有不错的收视率和观众好评，说明电视体育新闻节目除了应以竞技运动为主要内容，还应具有国际化视野，这样才能最大限度地吸引观众，促进节目的发展。

## 二、节目素材来源灵活多样

目前，国内电视体育新闻从内容上看，主要有赛事新闻、会议新闻、各级体育组织的相关活动新闻、群体休闲新闻，以及体育公众人物新闻等。这些体育新闻节目根据各电视台自身具有的实力，采用自制或部分自制的形式完成。当然，中央电视台体育新闻的自制能力在我国是最强的，无人能够匹敌。另外，北京、上海、山东等地方台也有一定的自制节目实力。其实，国内各电视台制作体育新闻的素材来源主要有三条途径，即现场自行采集素材、购买素材和联合制作。现场自行采集素材的方式，一般适合于发生在该电视所在地的体育新闻事件。当然，由于新闻的贴近性原则，在与该电视台所在城市关系紧密的重大体育新闻事件，即使发生在外地或外国，在条件允许的情况下，也可以到现场自行采集素材。由于 CCTV 具有强大的经济、人才、技术实力，所以其很多体育新闻素材都可以做到现场自行采集，而地方台则因为种种条件限制，现场自行采集素材的能力较为有限。而且，即便是中央电视台，也不可能做到体育新闻素材百分之百来源于现场自行采集。

目前，国内各电视媒体包括 CCTV 在内，获取体育新闻素材的另一个来源是购买节目素材。由于国内外赛事繁多，出于制作成本方面的考虑，国内电视台尤其是地方电视台不可能每场重要比赛都派记者到现场采集体育新闻素材，在制作国外体育新闻时，多从 ESPN、美联社、法新社、路透社、CNN（美国有线电视新闻网）、TNT（特纳电视网）等海外体育节目机构购进节目素材进行加工，这些素材每天通过卫星准时传送，拍摄、编辑质量较高，内容涵盖面较广，有些还可同时提供中文或英文配音稿，使购买素材的电视媒体使用该素材时极为方便。据统计，京、沪、粤等地电视台，每天大约平均购买国际体育新闻（带国际声的视频素材）多达 10 条左右。相反，在制作国内体育新闻时，则多向兄弟台购买或交换，在缺乏国内其他地区体育新闻素材时互通有无已经成为我国电视体育新闻界的行规，就连 CCTV 也经常无条件地使用各地方台提供的体育新闻素材。

国内各电视媒体特别是各地方台获取体育新闻素材的第三个来源是联合制作，利用这种方式，各地方台避免了因为人员、资金紧张而导致的素材严重不足的劣势，使自己的体育新闻素材丰富起来，如北京、上海、广东等地一二十家电视台合作建立了"中国体育新闻素材平台"（简称 CSN），每天平均有 10～20 条视频新闻，在各成员中交换使用。各地方台既可用钱来购买这些资源，也可以用广告代销的形式支付。尽管这种联合制作的方式也是一种松散联合，存在着经济等方面的潜在离散因素，但毕竟在一定程度上缓解了各地方台体育新闻素材短缺的困局。

### 三、多时段、多频道直播

在电视技术突飞猛进的今天，电视新闻节目为了强调时效性一般都会采用直播，电视体育新闻节目也不例外。进入 21 世纪后，我国电视界掀起了一股"直播热"，目前，绝大多数电视台的体育新闻节目都已采用了直播，但这种直播相较于严格意义上的直播只能是一种准直播或假直播，因为这些体育新闻节目中的各条新闻几乎都是事先做好的，然后在整档节目直播时由主持人在演播室现场串接而已，实际上这种直播节目中处于直播状态的只有主持人、导播、放像员，以及音频和视频人员等，这与真正体育新闻直播中来自体育新闻事件现场的实时音、视频信号存在巨大差别。而在美国，其电视体育新闻直播的机动性极强，一旦有公众感兴趣的体育新闻事件发生，各大电视台的记者就将争先恐后到达现场。1994 年 6 月 17 日，洛杉矶警察在高速公路上追捕前美式橄榄球超级明星 O.J.辛普森，美国电视用黄金时间全程直播，几乎全美国的观众都看到了高速公路上紧张刺激、一点不比枪战片逊色的追捕过程。当时，至少有三家电视台对追捕进行了全程直播。所以，不难看出，我国电视体育新闻直播尚处初级阶段，与西方发达国家早已运用纯熟的体育新闻直播还有不小差距。

尽管我国的电视体育新闻节目还有不足，但近年来，电视体育新闻节目逐渐被公众所认识、熟知，并成为电视新闻中的一个重要类型，其原因就在于大量的多时段、多频道直播形成了传播强势，深刻影响了受众的收视习惯与爱好。目前，国内体育新闻已经由过去的单一时段播出变化为如今的多时段播出，取得了不错的传播效果。1989 年，CCTV 第一次推出《体育新闻》，但只固定每天播出 5 分钟，并且是录播。从 2005 年 9 月 5 日起，CCTV 体育频道全新改版实现 24 小时连续播出，并在早晚两个时间段增加了新闻的播出量，把中午的《体坛快讯》从 15 分钟延长到 25 分钟。这样，CCTV 体育频道基本形成了早、中、晚、夜、午夜 5 个时段的体育新闻报道模式，即早间《体育晨报》（7:00）、午间《体坛快讯》（12:00）、晚间《体育新闻》（18:00）、夜间《体育世界》（21:30）、午夜《夜间体育新闻》（24:00）直播多档新闻，从而构成全天候体育新闻播出的完整覆盖。当时，各时段体育新闻的侧重点有所不同，并非是对首播体育新闻简单的重复，而是实施对其更新、补充与持续跟进。多时段的滚动体育新闻减少了信息的损耗，满足了受众的心理需求，提高了素材的使用率。电视体育新闻直播从单一时段到多时段，体现了电视体育新闻记者对即时报道、同步报道与连续报道的追求，体现了一种全新的新闻传播理念，增强了新闻报道的原生态、时效性、信息量与可信度。这也是中央电视台成为世界一流体育电视媒体的显著标志。

一档电视节目要有效地吸引观众、增加节目覆盖面，以及扩大节目影响和收视群体，就应该采取多频道播出的组合传播策略。深谙此道的 CCTV 在其体育新闻节目播出上就采取了这种传播方略。CCTV 在体育频道之外其他频道固定播出体育新闻节目。CCTV 新闻频道在 13:30（直播）和 0:30（录播）播出 25 分钟的"体育报道"；CCTV 综合频道每天晚上 22:00 的新闻节目中有固定的体育版块；CCTV-9 和 CCTV-E&F（西法频道）一天播出 7 档时长 15 分钟的外语体育新闻。地方台也不甘落后，纷纷仿效 CCTV 的传播方式，取得了较好效果。这是对单一频道播出的有益补充，是资源内部整合和优化的内在表现，也是体育频道核心竞争力的外在体现。它还可以压缩投入、提升效益、挖掘新的市场空间，体现了传播平台和渠道的多样化，实现了规模效应和利益最大化。

## 四、节目编排日趋合理

节目编排是电视频道"版面结构"的集中体现，它体现频道的传播理念和对受众需求的理解，关系到每个节目和节目整体效应的发挥。观众是一个频道最终收视效果的实现者，能够赢得观众的电视频道，才能在激烈的市场竞争中生存下去。其实，电视运作的核心就是以受众为中心，其人数的多少和忠诚度直接影响着电视的发展。所以，在进行电视体育新闻节目的编排时，应尽量考虑影响观众收视行为的各种因素，根据电视体育新闻节目特点，巧妙编排体育新闻，以期获得最佳传播效果。一档电视体育新闻要求制作者在固定的时间长度内安排节目，时间长度的固定和客观时间流动的矛盾，对每一条电视体育新闻的编排都会产生一定程度的影响。一档电视体育新闻节目的固定播出时长决定了容纳电视体育新闻空间的大小。在有限的时间里丰富、活跃电视体育新闻空间，当是电视体育新闻编辑追求的目标之一。电视体育新闻节目的编排应具连续性。例如，CCTV 在处理同一体育新闻事件时，由于播出时间所限，在 18:00 的《体育新闻》中，可能安排得短一些，而在 21:30 的《体育世界》中，则可能介绍得更为详尽。

电视体育新闻节目作为电视新闻节目的一种，在编排时要遵循电视新闻"峰谷"编排原则。所谓"峰谷"编排原则，即指依据新闻价值的大小及重要程度，按一定的规律做合理的组合，从而构成某一日的新闻或某一新闻栏目的编排。在具体编排时要理清各条体育新闻报道的内在关系，有机地进行组合安排。电视体育新闻的线性播出特点，决定了头条新闻是一档节目的重心和主题。国外体育新闻节目的编排都会遵循"峰谷"编排原则，这样就能制造观众收视兴趣和注意力峰谷。制造"峰谷"的目的就是使观众在收视时注意力得以集中、放松，再集中、再放松……从而增强观众的收视兴趣。而在我国，即使是代表我国体育电视最高水平的 CCTV 所制作的电视体育新闻节目，其编排也不尽合理。下面是2010 年 7 月 26 日中央电视台体育频道 18:00 播出的《体育新闻》的条目：

    (1) 丁俊晖中巡赛第一轮惨遭淘汰；

    (2) 湿度制造难度；

    (3) 法拉利木偶戏；

    (4) 明确的车队指令干扰了比赛；

    (5) 国际汽联规定车队的无线电通话必须公开；

    (6) 我们没有可能让车；

    (7) 惯犯法拉利犯规却不长记性；

    (8) F1 运动员、车队实时积分榜；

    (9) 康塔多终成三冠王；

    (10) 感受"环法之美"；

    (11) 点球噩梦——困到卫冕冠军；

    (12) 又是冤案——英格兰球队又吃亏；

    (13) 吴鹏根、徐林胤组合收获本赛季第二金；

    (14) 皇马送别古蒂；

    (15) 汉堡网球公开赛——格鲁贝夫首尝冠军；

    (16) 全国女排锦标赛小组赛况；

    (17) 广州亚运会网络票务销售开通；

    (18) 王老吉亚运时刻——釜山亚运会女子三级跳远冠军黄秋艳；

    (19) 全国摩托车越野锦标赛上演"小鬼当家"；

    (20) 男篮青年联赛 广东大胜山东。

从这一档体育新闻节目的条目顺序编排中不难看出，我国体育新闻节目的编排是按照"先国内，后国际"的原则，如在上面的 20 条新闻中有关 F1 赛事和环法大赛的新闻明显比 2010 斯诺克中国巡回赛的新闻重要，但依照我国特有的所谓编排原则，《丁俊晖中巡赛第一轮惨遭淘汰》这条新闻顺理成章地成为了当天的头条新闻，这是中国观众诟病最多的痼疾。而一些为观众所关注、急欲收视的重要新闻却被放在次要位置，以致出现一些观众反映只爱看《体育新闻》中间 10 分钟新闻的现象。当然，在这档体育新闻中也能看到 CCTV 在编排时运用了"峰谷"编排法，做到了张弛有度，并且注意了在"新闻峰群峰谷"之间运用了"同类组合原则"，如将 F1 赛事、环法大赛这种同类题材或内容相近的新闻集中安排在一起，形成组合结构和传播声势，有利于节约时间并突出报道主题。此外，这档体育新闻节目的编排还应用了"形式差异原则"，如在有关 F1 大赛的由 6 条新闻组成的一个新闻段中，为了依照观众的收视心理编排节目，特别重视了节奏的控制，注意了不同新闻报道形式的组合与搭配，即图像新闻《法拉利木偶戏》与电话采访《明确的车队指令干扰了比赛》；口播新闻《我们没有可能让车》与电话连线前方记者《国际汽联规定车队的无线电通话必须公开》；消息《F1 运动员、车队实时积分榜》与新闻背景分析《惯犯法拉利犯规却不长记性》的穿插，这一变化多端的节奏利于观众保持持续的收视兴趣。

一直以来，人们对新闻的深度报道一直存在着一个误解，就是只有类似《新闻调查》那样的节目形态，在单位节目中完成对某一新闻事件的深度挖掘才是深度报道。其实不然，新闻的深度还可以表现为一个时间段内连续的报道行为，从不同方面对新闻事件进行透视，共同组成了对该事件深度报道的"新闻地图"，使观众即使在零散式的关注中也能对新闻事件有较为全面深刻的理解。在这方面 CCTV 体育频道也做了一些探索。例如，2005 年 6 月 20 日（北京时间）在美国举行的 F1 大赛中，出现了 7 支车队共计 14 辆赛车联合罢赛的危机事件，CCTV 体育频道在当日的体育新闻报道中不仅交待了罢赛事件的基本情况，还着重向观众描述了 13 号弯道的情况，并将罢赛的原因直指罪魁祸首——米其林轮胎。而在此后一直到 6 月 30 日，CCTV 体育频道在新闻报道中始终关注罢赛事件的最新动态，由罢赛的表象逐渐探及事件的背后，并在原因的探究中不断修正自己的媒体观点。为了使自己的体育新闻报道体裁多样化，CCTV 还在其最重要的一档体育新闻节目中介入了体育新闻评论，即 2003 年 6 月 14 日 CCTV 体育频道首次在 18:00 的《体育新闻》中加入了一个子栏目——《体育今日谈》，除星期六外每天播出。时间大约在 18:30，时长 5~8 分钟。这个子栏目是新闻性的体育评论。它选取最新发生和出现的体坛热点事件和人物为话题，由主持人进行相关评论。通过这个节目，使观众对体育事件和体坛人物有更加全面清晰的了解。本来，这个体育新闻评论节目推迟伊始，使国内业界的专家、学者无不欢欣鼓舞，感觉我国体育电视报道终于出现了新闻性的体育评论，电视体育新闻直播节目终于有了深度报道，但或曲高和寡，或对收视率提升促进不大，目前这个子栏目已销声匿迹。虽然如此，CCTV 体育频道毕竟在电视体育新闻节目编排丰富化和报道深度化上做出了有益的尝试。

通过以上分析不难发现，电视体育新闻节目的编排是有章可循的，只有以科学的态度施行相关编排原则，才能使节目受到受众欢迎，而任何过度强调政治等因素的做法都是对节目不利的。

# 第二节　电视体育赛事直播节目

体育赛事直播节目是电视体育节目中极为重要的节目形态，通常占专业化体育频道节目总量的50%以上。体育赛事直播节目也是最受受众欢迎的节目形式，体育赛事节目有国内与国际之分，根据赛事类别还可以分为足球赛事、篮球赛事、排球赛事、网球赛事等诸多类型。大量受众之所以喜欢体育赛事和体育运动，个中缘由就与收看体育赛事直播节目有关。

## 一、体育赛事直播节目将体育报道的时效性发挥到极致

电子传媒诞生以前，在进行体育新闻报道时，无法做到在体育新闻事件发生的同时将与比赛有关的信息传至受众的。在这一方面印刷性媒体就更显得"先天不足"。在电视问世以后，它以电波为载体，以每秒绕地球七圈半的速度传播信号，几乎在任何体育新闻事件发生的同时将信息传至世界的各个角落。可以说，电视不但可以传播刚刚发生的体育新闻，还可以直播正在发生的体育新闻事件的发展过程和其他相关信息。体育赛事直播的审美意义就在于它的共时性，即观众与媒体共同经历正在发生的事件的过程，共同应付偶发事件，极大地满足人的亲眼目睹、亲身经历、共感共振的好奇心与求知欲。而这正是所有印刷性媒体在进行体育新闻报道时最无能为力的软肋。

在当今电视体育新闻报道中之所以采用如此多的现场直播，就是紧紧抓住了体育新闻的时效性，将体育新闻发生时间与到达受众的时间差减小为零，从而将体育新闻的时效性提高到最大限度。对于体育赛事直播节目超强的时效性感触最深的莫过于体育迷。例如，在欧洲最高水平的足球俱乐部赛事——欧洲冠军联赛赛季期间，虽然直播时间通常是在中国的后半夜至凌晨，但这丝毫没能减少中国球迷看球赛的热情。体育赛事的现场直播是如此的扣人心弦，因为你虽然身处地球的另一边，但仍与欧洲球场上的观众一样，不知道下一个球将由哪一方踢进，

不知道比赛的最终结局会如何。比赛终结的哨音在赛场响起的时候,同样也将从电视机里播出,这其中的滋味非球迷不能理解。如果你让一个球迷在知道了比分和球场上发生的重要事件的情况下看第二天的重播,对于资深球迷来讲简直无法容忍,因为"体育信息"在这时已经大打折扣,即对球迷、受众来说体育新闻的价值已降低了很多。所以,在当代各种大众传媒的体育报道中,电视常常会运用自己的优势,经常性地推出各种赛事直播,以期在媒体竞争中处于有利地位。同时,这也是电视对抗印刷性媒体的最为有力的手段。

## 二、体育赛事直播立体化

多年来,电视传播尤其是体育赛事直播都在深度报道上无所作为,可以说在这一点上电视与报纸甚至杂志都相距甚远。鉴于此,国内外电视体育人经过长期的探索,在体育赛事直播中终于推出了以单边注入方式为主要特征的立体化直播,使传统的体育赛事直播从形式到内容都发生了根本变化,一改过去赛前介绍、赛中分析、赛后总结这种"三段式"演播室图像加比赛本身的呆板模式,重新赢得了受众的关注。所谓单边注入方式,就是在比赛的第一时间采访运动员或与运动员密切相关的人员,从各个侧面多角度地反映赛事或运动员本身,以达丰富赛事直播的根本目的。例如,在 2004 年雅典奥运会的电视报道中,CCTV 大量采用单边注入方式作为电视直播的补充取得了很大的成功,成为其奥运会电视报道的一大亮点。

通过直播,观众虽然可以看见比赛的全过程,但对于比赛中的一些细节,如赛前热身、教练员指导、伤病情况、运动员的心理状态等却无法了解,而这些恰恰又是观众关注的重点之一,对于持续吸引观众的关注极为重要。因此,为了能在第一时间现场采访运动员,中央电视台开始在雅典的比赛场馆租用直播摄像机,设置单边注入点。由于是在比赛结束后的第一时间采访选手,所以无论运动员发挥得好坏,他们的反映都是最真实、最直接的。单边注入点的设置,不仅在一定程度上弥补了直播赛事的不足,同时也让选手的形象、性格更加鲜活丰满。而在 2008 年北京奥运会赛事直播中,CCTV 在排球、篮球、游泳、跳水、羽毛球、乒乓球、体操、田径八个项目上进行单边综合制作,累计时间超过 300 小时,通过单边摄像机拍摄的画面,带领观众全方位了解中国运动员赛前、赛中、赛后情况,抓拍现场队员丰富表情和观众实时反应镜头,并利用 EVS 慢镜头回放播出竞争对手的精彩动作,既突出了现场和现场中的中国元素,又凸显了国际视角，与公用信号有机融合、优势互补，使得中央电视台的赛事直播节目现场感更强，表现中国元素更充分、更具有感染力。

除了在赛事直播中大量运用单边注入方式之外，赛事直播者还越来越多地介入比赛的整个过程，尽量参考受众期望制作与转播相关的信息，通过现场报道、现场解说、背景介绍、演播室访谈等多种手段，全面扩大赛前介绍、赛中分析、赛后总结的外延和内涵。2001年10月7日，在中国足球队冲击第17届世界杯足球赛决赛阶段的比赛，即对阿曼队的决战时，CCTV进行了长达10小时的全景式立体化直播，收到了较好效果。北京的大演播室、沈阳、五里河的分演播室，以及赛场内外的结合、冲击成功后的更衣室采访等令全国球迷耳目一新。随着对体育赛事立体化直播的不断探索，直播与专栏节目相结合已成为现今电视体育赛事直播形式创新的潮流。配合直播而有针对性地制作的专题片往往因时效性和引导性强，以及观众群体集中受到广泛的欢迎。例如，CCTV体育频道在国际大型足球赛事直播中的"保留节目"——《豪门盛宴》，就很好地将赛事直播与专栏节目结合起来，既满足了观众的赛事信息需求，同时，媒体也获得了持续、稳定的收视率和广告收益。可以说，《豪门盛宴》就是体育赛事立体化直播中电视体育专栏节目与赛事直播相结合的成功典范。

## 三、体育赛事直播高科技化

电视的技术基础是现代电子技术，因此，现代电子技术的不断更新为电视体育新闻报道手段的创新提供了强大的技术支持。特别是电视方面，人造通讯卫星的出现使我们可以对全球任何地方、任一时间进行的体育赛事进行现场直播，实现体育信息的全球化共享。时值今日，出色的新闻业务、雄厚的经济实力和先进的技术装备，已成为支撑当代新闻媒介的三大支柱。它们各自独立，又相互紧密联系，缺一不可。而数字技术亦正在成为支撑所有传媒的存在基础。技术标准与发展取向，正在改变不同形态传媒的边界，造就新意义上的数字媒体。所谓数字媒体观，就是将一切基于电子技术的传媒形态视为具有共同技术内核、运作规则、分享基础的统一体。数字技术为不同传媒提供了资源整合的平台和基础。数字化采编及远程制作系统对于涉及面广、持续时间长、时效性要求高的电视体育报道来说，更是如虎添翼，使电视体育报道的制作、传输与播出水平进入到一个新境界，并成为未来电视体育报道的发展趋势。目前，世界各国都在电视体育报道的数字化方面做着积极努力，并取得了一定效果。体育赛事直播更是首当其冲，将大量的高新数字技术应用其中。例如，在 2008 年北京奥运会上，BOB 就对所有赛事直播采用了高清信号，而 CCTV 网络制播系统的采、编、播、存各个环节均采用高清方式。目前，在电视体育赛事直播节目中，高清格式的支持已经比较成熟，也必将在今后的体育赛事直播中逐渐形成事实上的标准。体育赛事直播的另一个特点就是时效性要求高。在网络化制播出现之前，要想提高直播时效性非常困难。国内网络化体育赛事直播始于 2004 年的雅典奥运会。当时，CCTV 创造性地实现了前场收录、后场实时制作模式，前方现场搭建收录、场记和归档系统，后方编辑系统可直接使用前方正在收录的素材，从而圆满完成赛事直播。北京奥运制播系统，则是集历届大型体育赛事直播技术之大成，CCTV 新址、现址和 IBC（国际广播中心）三址互联形成了一个虚拟本地化网络，用户使用过程中不会感到任何地域的差别。所以，网络化是提高体育赛事转播时效性的基础，此外还需要在系统设计流程和功能细节上予以全面的考虑。在北京奥运会赛事直播中，往往在比赛结束几分钟即可播出自制的新闻画面或赛事的缩编版，如此快速的制作播出效率主要是依赖 MSV（视音频媒体）集群技术实现的。如果没有这些高新技术，根本不可能很好地发挥体育赛事电视报道的时效性。

随着电视技术的发展，在线包装被越来越多地运用在体育赛事直播中，体育赛事直播中的字幕等也突破了原来的界限，更多的新兴概念与技术在直播中得以运用。在线包装为未来的体育赛事直播树立了新的方向，同时也将体育赛事直播节目的制作推向了新高度。

近年来，在体育赛事直播中应用的诸多高新技术中对赛事直播带来革命性改变的是基于虚拟现实技术（VRT）的一系列新技术，如虚拟演播室技术、虚拟体育分析技术等。虚拟现实技术是借助计算机硬件和软件资源，创建和体验虚拟世界集成技术可以实现对真实世界进行动态模拟，产生的动态环境能对用户的姿态、语言命令等作出实时响应，使用户和模拟环境之间建立起一种实时交互关系。目前，虚拟现实技术已经频繁出现在奥运会、田径、体操等大型体育赛事直播中，它在电视制作上的重大技术延伸之一就是虚拟演播室技术。作为传统演播室技术应用的补充和手段的扩展，虚拟演播室技术已经慢慢由扮演一种增强功能的角色向主流角色进行过渡。由于其具有方便、节省、环保和创造力丰富的诸多优势，现在，虚拟演播室已越来越多地运用于体育赛事直播中演播室的布景。中央电视台于 2001 年在广州九运会的报道中，开始使用虚拟演播室在前方对大型体育赛事进行直播。到 2004 年雅典奥运会，这种直播方式的应用已经相对成熟，并逐渐形成一套较为完整的工作流程。此时，CCTV 在奥运会赛事直播节目中使用了真三维的虚拟演播室系统，进一步提升节目的应用能力，力求为体育频道制作出更好的节目。可以说，虚拟演播室技术中大量的特技手段和高效的使用方式，提高了体育赛事直播节目的时效性，丰富了节目内容，为今后我国各电视媒体高新技术的使用和进行大型体育赛事的直播积累了丰富经验。近来在体育赛事直播中风生水起的虚拟体育分析技术也发端于虚拟现实技术，虽然 ESPN、SKY–SPORTS、NBC、FOX–SPORTS 等国际电视体育传播大鳄，早在几年前就在其体育赛事直播节目中大量应用虚拟体育分析系统提高解说评论的权威性和准确性，但该系统在我国的体育赛事直播中浮现却是近一两年的事。虚拟体育分析系统就是将虚拟现实技术与体育比赛的内容相结合，生成与内容相关的图形、图像、文字、数据等参数，并紧密地结合在一起。它可以将体育分析图形紧贴现场，自动地结合添加的覆盖层，真实地存在于体育场上（图 2–1）。电视观众也可更清楚地观看体育比赛，大大提高了解说评论的直观性、权威性和准确性。这是体育实况转播、分析、评论的一次变革。目前这种技术已在国内外体育赛事直播中广为运用，成为体育赛事直播的必备技术，只是我国除了 CCTV，其他地方台采用得还不多。这种虚拟体育分析系统功能强大，可以用动画图形覆盖层突出显示运动员所采用的技战术、移动方向、路线，以及跟踪及定位运动员、增强显示（圈点加亮）运动员，并随之移动。它也可对球移动的速度、方向、实际轨迹线路等进行实时统计显示，且能实时测量和显示场地中任意两点的距离。此外，体育分析系统也可以应用于任何体育比赛，它可在电视转播所呈现的比赛场地的任何地方、任何表面实时插入与赛场相关的评论图形，动画和视频覆盖层结合电视观众提供体育比赛的统计数据，方便地帮助观众对该项运动的了解（显示世界纪录等）。有了虚拟现实技术的强大技术支持，体育赛事直播的导播就可以切换出观众喜欢的任何镜头和细节，然后

图 2–1　虚拟体育分析系统在足球赛事直播中的应用示意图

进行虚拟信息加载，通过虚拟信息分析系统对所直播的体育比赛的技战术进行深入分析。它能够将各种统计信息通过终端精确地"数字化"出来。例如，足球比赛中前锋队员的冲刺速度、射门球速、射门角度、球射出后的运行轨迹等都可以得到科学的、直观的反映，再配合解说员输出各种各样的统计数字，对个别镜头进行慢放或者多角度数字处理。经常运用的主要有虚拟重放系统、虚拟慢放系统、虚拟跟踪系统、虚拟量化系统等。在线图文包装系统功能齐全，在体育赛事直播中还可以根据脚本和条件运算控制字幕属性，通过字幕、图形和计时计分系统，可将相关运动员的姓名、号码、国籍、比赛得分情况；奖牌决出后优胜者的姓名、国籍、国旗；奖牌图形、成绩纪录、背景材料等，以及体育赛事直播所需的字幕图形和计时计分状态，输入电子计算机系统并根据需要随时调出，显示在电视屏幕上，如，其他赛场的赛事信息等。特别值得一提的是其手绘线功能，体育评论员可以根据需要在比赛过程中自行绘制图形、图案。例如，在台球比赛中，评论员可以绘制线路预测球员的击球路线。借助手绘的线路，电视观众就可以直观地预测出击球路线（图2-2）。手绘线功能同样适合在篮球、足球、排球等多种项目的体育直播中使用。这里必须指出的是，尽管以电子计算机技术为基础的诸多高新技术使体育赛事直播节目增色不少，但这些技术的运用还需要以导播为首的赛事直播团队在直播过程中适时实现，所以，对于体育赛事直播来说，软件条件——直播团队的经验、创新思维与责任心和硬件条件——高新技术与设备同样重要，二者不可偏废。此外，如今的体育赛事直播节目也越来越重视观众参与和互动，在电视传播理念发展过程中，传者与受者的交流由单项交流逐渐演变到双项交流，体育赛事转播也是如此，如在许多赛事直播中开通手机短信交流平台，观众可以发短信与主持人进行交流。他们既可以就比赛发表自己的观

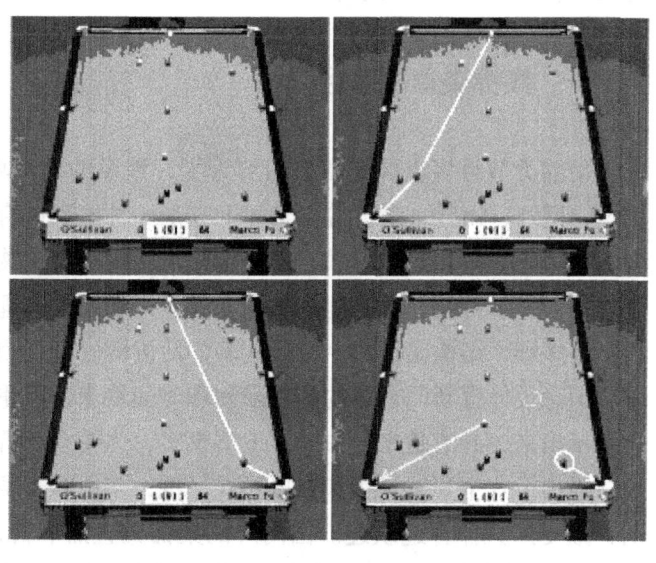

图2-2　台球赛事直播中的手绘线效果示意图

点、立场，也可以提出自己希望了解的各种问题。这种交流使得电视不再是一家之言，观众与媒体的关系从被动介入变成了主动参与，这种交流很好地调动了观众的热情和收视兴趣。

毫无疑问，体育赛事直播节目作为体育电视节目最为重要的一种节目形态，极大地丰富了现代电视体育报道的手段及方式，使其体育报道越来越像精美的艺术品，令人叹为观止。然而，如果没有多种多样的电子技术的飞速发展，以及在大众传媒业的实际应用，电视体育报道必定会停留在从前简单粗陋的动态消息报道模式上而裹足不前。

# 第三节　电视体育专题直播节目

电视体育专题节目是电视体育节目的一个重要类别，并且越来越多地以直播的形式播出，受到观众的喜爱。由于电视体育专题节目形式多样，内容也十分丰富，几乎涵盖了体育的各个领域，所以，该类节目在电视体育节目中占有重要地位。这类节目主要指具有固定栏目、固定收视群和固定广告客户，它能为电视媒体带来长期稳定的经济收益，构成其体育频道或其他非专业频道日常主要节目的节目类型。电视体育专题节目主要分为集锦类、电视体育专栏、体育娱乐、体育纪录片、访谈、体育教学节目等。

## 一、集锦类直播节目

集锦类节目多以体育赛事集锦为主，涉及的体育项目广泛，如篮球、排球、足球、网球、田径、游泳等。实际上它是一种电视体育杂志栏目，是综合运用各种电视表现手段和播出方式，借鉴定期出版的文字刊物——杂志，将不同内容和形式的体育节目杂而有序地编排在一起，集新闻性、趣味性、服务性于一身，内容丰富多彩，结构灵活自由，形式多样活泼的一种栏目形态，其最大魅力在于摆脱了消息类体育新闻栏目的容量限制和时间要求，将重要的事件过程与结果详细地展示出来，弄清楚来龙去脉，澄清事实，为受众解释疑惑。纵观国内外此类节目，播出形式主要以录播和直播形式呈现，多以联赛赛事周期为其栏目的播出周期，颇受广大体育迷欢迎。国内外的集锦类直播节目，如 NBA 官方电视台制作的《NBA 动态》、ESPN 制作的《英超联赛精华》《进球大汇串》等。国内集锦类直播节目的顶尖制作则非 CCTV 的《天下足球》莫属，并且与国外同类节目相比较，《天下足球》从选题、板块设置、音乐搭配、栏目包装等方面都占据一定优势，成为我国赛事集锦类节目的翘楚。

### （一）主题鲜明 定位准确

在现代新闻报道非常注重策划的今天，体育电视领域策划也被广泛运用，特别是有了具体目的的时候，它的制作和播出也必然是经过策划的。《天下足球》栏目的策划就是一个成功的典范。《天下足球》的前身是中央电视台体育频道于 1996 年创办的《足球之夜》栏目，CCTV 体育频道为了使其足球报道的主体更加明确，又将其足球专题节目再次分类，于是《天下足球》应运而生。该节目在创建之时就将其主题明确为一个以报道国际足坛最新赛事和新闻为主的栏目，这就刚好弥补了之前对国际赛事报道中的不足。《天下足球》在选题时既着重报道欧洲足球联赛战报，同时也报道国际重大足球赛事，这种报道内容无疑是球迷关注的焦点。不仅如此，《天下足球》更是将各类足球赛事资源进行全面重新整合，集中最精彩的内容报道，充分丰富了资源的利用空间。在内容上全方位地展现足球的魅力，给人以最完美的视觉美感和观赏感受。

此外，《天下足球》的内容并不只局限于对赛事的报道，它还致力于足球主题的制作，对球迷感兴趣的话题进行整理，制作出诸如《我的欧洲杯记忆》《德比日》，以及《越狱与迷失》等广受关注的众多佳作，尤其是《杀手的天空》一期节目，已经成为迄今为止最受欢迎的一次主题节目。另一方面，《天下足球》不定期地邀请世界著名球星到节目做客，为其量身打造专访节目，借助球星自身的超高影响力获取观众的关注，同时邀请球迷参与互动，将球星和球迷联系在一起，球迷对这样的节目形式也很是欢迎，极大地提高了节目的收视率。由于《天下足球》定位是为足球迷提供国际足球赛事的最新信息，所以在节目首播时间上也颇费思量，尽全力体现节目的时效性。《天下足球》首播时间为每周一晚 19:30—21:25，每期时长 115 分钟，重播时间为周二上午 10:00—11:55、CCTV12 周日下午 14:05—16:00。之所以选择在周一晚上播出是因为国际足球赛事大都是在周末进行，而对于中国球迷来说，由于时差的原因，很多在北京时间周一凌晨进行的比赛就无法收看现场直播，那么有了这么一档全景似的介绍过去一周世界足坛赛事精华的节目，就可以很大程度上弥补中国球迷的遗憾。对于中国的球迷来讲，欧洲高水平足球赛事是唯美的，那么《天下足球》就是要带给观众最精彩赛事的精华，使他们能够在将近两个小时的时间里度过一个纯粹的、完全属于足球的晚上。《天下足球》这样一个集锦类直播节目一经推出，便受到足球迷的追捧，当然不仅仅是依靠其鲜明的主题、准确的定位，其栏目所具的其他特点也值得关注。

### （二）板块设置合理　注重轻松娱乐

作为一档赛事集锦类直播节目，最怕的就是因板块设置单调而流于平淡，继而使观众失去收视兴趣，国内许多类似节目都不能免俗而落入这个怪圈。《天下足球》就在这方面下足了工夫，将看似平淡的赛事集锦经过二次加工成为体育电视艺术品呈现在观众面前。《天下足球》一个较明显的特色就是节目内部又划分了很多小板块，这些小板块已经逐渐成为深受观众喜爱和支持的招牌，如《绿茵重量级》《绝对巨星》《足球制造》《看球听歌》《TOP10》等。《天下足球》节目创意别出心裁，将足球比赛资源全面整合、延伸，与娱乐相融合，给受众提供了一个个内容丰富、画面精彩、充满激情和创造力的小栏目，让受众享受到了赛场之外的乐趣，如《天下足球》中定期播出的固定小栏目《TOP10》，它通过不同的角度回顾世界足坛的一些重要人物和事件，展现足球运动的戏剧性、娱乐性、明星化，归纳准确精辟又趣味十足，再如"十大门将""十大倒钩射门"，通过总结归纳足球大赛中精彩的瞬间，将其呈现给观众，使得整个节目充满了活力，满足了不同层次球迷不同的需求欲望。这个板块也是和观众互动最密切的一个板块，迄今为止已经有无数被球迷津津乐道的《TOP10》诞生。《天下足球》以其报道国际足坛信息的专业性为根本，充分挖掘节目的娱乐性特点，并使其与专业性进行良好的配合。

《天下足球》没有固守传统体育专题节目的表现方式，即纯粹的信息集锦或对某个主题的深度挖掘，也没有抛开足球运动本身去追求娱乐效果，而是巧妙地将二者结合在一起，让球迷有了更多的期待内容，同时也吸引了许多非足球爱好者开始关注绿茵场上充满活力、激情、戏剧和美感的表演。《天下足球》长期的生存之道就是讲好故事，能够进行足球叙事。它的素材几乎全部来自新近发生的国际足球赛事，而所有的话题基本围绕这些赛事展开。节目制作者善于从繁多的赛事信息中总结、提炼出焦点事件，并将其以声、画、乐结合的方式奉献给观众。用讲述的方式同观众进行沟通是《天下足球》制胜的最大法宝。《天下足球》之所以办得好，与其故事讲得好有着决定性的关系。而该节目中讲故事最多的地方，如《绝对巨星》板块是巨星的记录片及历史回顾，而赛事回顾之《绿茵重量级》，也是通过讲故事的方式回顾刚刚过去的一周世界足坛进行的重量级焦点比赛的精华。随着受众文化水平的提高，受众已不简单地满足于从前赛事消息报道式的赛事集锦节目形式，毕竟体育除了娱乐性外还有更深刻的文化内涵。因此，一个好的节目要想生存就需要好的叙事方式，这已是电视圈内的共识。同样的内容用不同的电视方式来表达，必将取得大为不同的传播效果。

### （三）声音与画面的表现力突出

一部好的电视作品就是一部艺术品，好的体育电视作品也不例外，而且应该是声音与画面的完美结合，这时，作品不仅带给观众大量信息，重要的是还带来美好的声画享受。

#### 1. 画面呈现运动之美

电视艺术是视觉艺术。从总体上来讲，画面的构图、视觉、明暗色彩和虚实等因素的作用，在电视作品的创作中起主导作用。电视画面是组成电视节目的基本单位，它包括形象、声音、氛围、环境、表情、动作等，形成综合的多方位的信息场。一组画面是指电视摄像机在特定的时间空间里每拍摄一次所摄取的一段连续画面。一条电视新闻、一个电视节目，通常是由不同拍摄方法和长度的多组画面衔接而成。足球是一项高速激烈的运动，绿草如茵的球场和运动员亮丽的球衣，都可以在视觉上获得美感，球迷的激情助威和球员的球技展现，也能给人以强力的视觉冲击。在《天下足球》栏目中，多数时候都是在表现球场上的运动情景，用球员们运动的美感吸引观众。欧洲足球先进的转播技术，也给我们留下了很多美妙的画面素材，《天下足球》所需要做的，就是将它们整合起来，形成美观的画面，而画面的编辑与整理恰好是《天下足球》最独到的特色。

可以说，球场上的每个画面都是一段故事、一段回忆，根据不同的主题，或者根据不同的人物进行整理就有了不同的意义，再将这些相互联系的画面编辑制作构成一个完整的专题，这是《天下足球》最常用的制作手段，也是最吸引观众的形式，即用画面讲述故事。例如，在 2007 年 5 月 7 日播出的节目中，《天下足球》制作了名为《离完美只差一步》的专题，讲述克里斯蒂亚诺·罗纳尔多（简称 C·罗）的故事，将《天下足球》栏目善于讲故事的特点发挥到了极致。节目甫一开始，就将冠军联赛半决赛的对手 C·罗和卡卡的背影用一个镜头对比起来，用成功者卡卡高贵的背影映衬失败者 C·罗忧伤的背影，随后，又将 C·罗 2004 年欧洲杯失利后的眼泪和 2006 年世界杯的眼泪，以及这次冠军联赛失利的眼泪组合成一个画面，更是将 C·罗悲伤的情绪无限放大，让观众无不为之动容。同样是在这一期专题中，《天下足球》先是用画面讲述了 C·罗与鲁尼在世界杯上的矛盾，鲁尼在被好友 C·罗"陷害"后用委屈的神情看着他并推搡他的画面充分表现了他们的矛盾。在随后的节目中，在 C·罗进球后鲁尼主动上前与他拥抱的画面表现了矛盾的和解，再之后，C·罗受到对手粗暴犯规后鲁尼冲上去为他打抱不平，显示了他们已经重归于好。这样的画面设计，让观众的思维完全随着电视画面的镜头而延伸，这就是电视画面的艺术，给人以完美的视觉体验和艺术欣赏，而《天下足球》，则将这种艺术演绎到了极致。

**2. 音乐搭配得当**

音乐是人类心灵自在的产物和直接表现。就其本身来说是一种动态艺术，意境、情绪、画面的交替和变化构成了这种动态艺术的美学基础。音乐通过它的各种表现手段能够真切而优美地传达人的喜、怒、哀、乐，以及各种性格。在《天下足球》中，散点式的乐曲组合运用颇多。散点式的乐曲组合，近似散文性的音乐形式，不受曲式结构的约束，也不受组合形式的限制，因此适应了专题片片段短、少却又由不同画面剪接组合的短小专题片的要求。一般在某几个镜头上或镜头的某一画面配置音乐，对画面起强调、烘托作用。有时，为了引起人们的注意或消减受众持续注意的疲劳，也会在镜头段落之间配置音乐，使节奏有张有弛。《天下足球》没有局限于形式，而是经过长时间的摸索，形成了自己的音乐搭配特色。若按节目板块区分，从前到后《天下足球》有开篇曲、背景音乐、主题曲、足球 MV、片尾曲 5 种配乐形式；如按歌曲来源区分，多用经典音乐兼用自己的原创歌曲；而按乐曲风格区分，多用摇滚、通俗乐适当兼容其他风格；如果按照地域区分，一般以欧美为主而以少量中文乐曲为辅。

足球 MV 板块——《看球听歌》是《天下足球》中音乐比较集中的表现地，在这里没有解说、呐喊和喧嚣，有的只是足球的优雅。在音乐的配合下，足球场上的一幕幕精彩画面显得更加动人和煽情，观众的情绪也随着音乐的节奏而为之波动。当听到《我的名字叫伊莲》时，你会想起谁呢？熟悉《天下足球》的球迷自然就会想起无所不能的亨利，同样，用音乐展现球星的魅力，这样的方式在《天下足球》的制作中屡试不爽。当然，音乐并不仅仅存在于《天下足球》的《看球听歌》这个板块，而是贯穿于整个节目之中。片头音乐是每期都会出现的音乐，几乎就代表着《天下足球》整个节目的形象。在其他板块中，音乐也是无孔不入，在播放精彩进球集锦的时候，会配上富有激情、节奏感强烈的音乐；在纪念球星光辉历史的时候，就会配上雄壮激昂的音乐；在讲到伤感故事的时候，凄婉哀伤的音乐就会适时地出现。此时此刻，《天下足球》在用音乐展示着足球的魅力，音乐在这档节目里起到了烘托画面气氛、深化画面主题、形成画面节奏、衔接统一画面、提高传播效果等多种作用，呈现给观众一档富有现代感、精致的、观赏性的体育节目。

### 3. 语言精致而富感染力

解说词是对事物进行解释说明的一种文体，它通过对事物的准确描述和渲染感染观众或听众，使其了解事物的来龙去脉和意义，收到很好的传播效果。足球比赛的解说就是对比赛进程的描述，但对《天下足球》来说就不这么简单了。《天下足球》的几乎每个板块都有画外音，这些画外音同画面相结合，两者相互辉映，展现出完整的魅力。单就介绍比赛过程和结果的板块来说，《天下足球》并没有特别出彩的画外解说，这些板块是靠画面冲击力吸引观众，但其中的小专题画外音就表现得与众不同。煽情、精致是《天下足球》画外配音词的最大特点，这种精致的语言风格的确让栏目体现出与其他体育节目完全不同的独特个性。这种语言风格也是与节目重观赏性的整体风格相一致的，搭配上经过剪辑的经典武侠电影和球星进球片段，使得节目具有极大的观赏性。这里，优雅动人的画面与煽情、精致的画外音两相交融，构成了《天下足球》最大的特色，成为其木秀于林的独门利器，如在巴乔的纪念专集中画外音如此道来："有人这样形容巴乔，他有着古罗马骑士雕塑一样的面容，他的眼睛如地中海般湛蓝，如果你有幸看到他的笑靥，一定会沉迷于其中，无法自拔，再也不愿意醒来。巴乔的美在于他的古典，在于他的内敛，在人们的印象中，他的眼睛里总是浮动着一种淡淡的透明的忧郁，在这种忧郁的深处却闪烁着坚韧和不屈。或许最初爱上巴乔的人们除了他精彩的进球之外，那惊鸿一瞥足以在心中刻画一道深深的痕迹，让所有人被他所俘虏。飘逸的马尾辫也成为巴乔这个名字的代名词。无论少年时的意气风发，还是离开时的饱经沧桑，巴乔都是那样的纯洁无瑕，宛如中世纪俊美的骑士，一尊大理石雕塑成的战士。"多么动情的文字，再配以巴乔的俊朗外形和忧郁的眼神，怎能让人不为之动容。这一段极富文学美感的画外音，几乎就是对足坛大师巴乔职业生涯最完美的诠释。节目中这些煽情的画外音，字字描绘着绿茵场上的无限风情，句句述说着球星们的动人故事，正因为如此，更是让人无法抵抗《天下足球》的无限魅力了。

此外，节目包装的精美、主持风格的平易近人等都是《天下足球》突出的特点。虽然，作为一档赛事集锦类直播节目，《天下足球》的直播相较于严格意义上的直播只能是一种准直播或假直播，但这丝毫影响不了该节目的精彩，使其受到了足球爱好者的追捧与喜爱。

## 二、电视体育专栏直播节目

电视体育专栏直播节目是电视体育专题直播节目中极为重要的节目形态，它承载着传播体育精神、启发观众思考的重任，是电视体育报道的深度报道。通过对国内外新近重大新闻事件与重要问题进行分析与解释，呈现给观众的是意见性信息，给人以理性的思考和启迪，从而实现了新闻报道与观众参与、受众反馈之间的互动，大大增强了传播效果。电视体育专栏直播节目主要分为深度报道类和非常设性电视体育专栏直播节目两种。

### （一）深度报道类直播节目

深度报道类电视体育专栏直播节目，一般是以深度报道为特质，节目对各种体育焦点事件和现象进行分析、解释、追踪与深度开掘，带给观众新闻背后的新闻，是体育电视节目中的一种常见节目形态。这种节目有固定的直播时间、固定的时长、固定的主持人，容易吸引观众持续收看，广受高素质体育爱好者的欢迎。国内深度报道类电视体育专栏直播节目的经典之作是 CCTV《足球之夜》，该节目从策划、镜头运用、主持人风格等方面都颇具特色，成为我国深度报道类电视体育专栏直播节目的扛鼎之作。以下结合《足球之夜》栏目探讨深度报道类电视体育专栏直播节目的特点。

#### 1. 以深度报道为主要形式

深度报道就是运用解释、分析、预测等方法，从历史渊源、因果关系、矛盾演变、影响作用、发展趋势等方面报道新闻的形式。美国专栏作家朱蒙德对深度报道进行了精妙的诠释：以今日之事态，核对昨日的背景，从而说出明日的意义。深度报道是在"五 W"理论基础上，将五个 W 和一个 HOW（怎么报道）的内涵加大，具体说，就是使何时扩展到过去和未来；使何地扩展到现场以外；使谁扩展到相关人和其他人；使什么扩展到相关事和其他事；使为什么扩展到深层原因；使怎样扩展到原来怎样、将来怎样及应该怎样等。

这种报道形式被《足球之夜》引入电视体育专栏直播节目在国内还是首创。而真正让这种报道在电视观众和球迷心目中留下印象，还是 1998 年对假球黑哨和 2003 年甲 B 最后一轮的调查当中。2003 年 10 月 6 日，《足球之夜》节目播出了"红与黑"的栏目，这期节目主要描述了甲 B 最后一轮为争取两个冲超名额，江苏、五牛、浙江、长春四支球队打假球的事件。节目为大家展示了比赛时两方最后几分钟时的各个环节，让整个事件全部暴露在观众眼中。正是这期节目让当时足协领导的一句："杀无赦、斩立决"成为名言，浙江队当即开除 5 名球员，几大俱乐部老总一一曝光于聚光灯下，无论从足协、俱乐部、球员还是球迷都真正体会到了媒体的力量。在整个报道中，记者以第三者身份进行了采访调查，并做到客观、准确、公正。为此，《足球之夜》记者面对诸如假球黑哨这样的事件时，提出多方确认，决不依靠一种消息来源；至少采访当事双方；承认事件的复杂和多义；采用第一手资料；层层深入、不断追寻；不摆拍；核实数字和细节；用词确切等。《足球之夜》将整个足球放在了中国乃至世界政治、社会、经济、民生、文化、地理的背景下去阐释。在当今电视节目纷纷调整口味时，《足球之夜》也进行了改版，把"加强深度报道和承担媒体社会责任"放在首位，以"史诗"的叙述风格以及"影像"式的记录手法，报道中国的足球事业。可以说，深度报道就是《足球之夜》从众多常设性电视体育专栏直播节目中脱颖而出的最大原因。

### 2. 策划先行

策划是一种从无到有的精神活动，也是一种提高成功可能性的思考活动。在体育电视领域策划也被广泛运用，特别是有了具体目的的时候，如纪念日、节日等，它的制作和播出也必然是经过策划的，不允许受到丝毫的影响，否则，将产生非常严重的后果。对于足球而言，有许多的纪念日，如中国足球的"5.19"、中国队第一次冲进世界杯。也有些特别的日子，如中国男子足球队选择主教练、甲 A 过渡到中超等。这就需要大量的策划进行报道。2003 年是中国足球甲 A 联赛的最后一年，《足球之夜》为此推出《甲 A 年代》和《10 个这样的人》。这两档节目分别以《粉色年代》《金色年代》《橙色年代》《黑色年代》《灰色年代》《绿色年代》《紫色年代》《黄色年代》《红色年代》《蓝色年代》为主题，以人物回忆的方式描写过去甲 A10 年的历史。《夜访客》节目还请到了像徐根宝、金志扬、陈亦明等著名教练，以及魏群、黎兵、彭伟国、高峰等著名球员，通过对他们的采访一同回忆过去 10 年中国足球的故事，使观众了解到以前所不了解的故事，由于是回忆，在情感上很容易让观众产生共鸣。这样的节目受到了各方的好评。从制作的角度上讲，因为有了如《××年代》这样的

"瓶子"，由于它的形状和大小都是固定的，只要每次装不同的东西进去就可以了，所以，节目部门工作有章可循，每周只需按规定的样式，按部就班地变出节目即可。这样的方式促进了电视节目制作的专业化、标准化、工厂化的生产。从播出的角度上说，方便观众收看，有利于电视台培养固定观众群。

当然，有些策划不是长期性的，而是一次性的。例如，2005 年 5 月 19 日播出的《5.19 长镜头》是为了纪念 20 年前的这一天，节目中运用人物采访的同期声、20 年前中国队的比赛记录，甚至加入了风靡 20 世纪 80 年代的电视剧《足球启示录》里的片断，整个节目气势宏大，给人一种历史与现实交织和碰撞的感觉。在 2003 年的特别节目《比赛日》中，对国奥队冲击奥运会与马来西亚队的比赛进行全方位报道。该节目以马明宇和张斌在场边看球的全过程为主线，用他们两个人的眼睛，将一种仅存的希望和有可能被淘汰的心情全部表现出来。在后期制作中，特别加入了马明宇许多特写镜头和其发抖的身体，再配上交响乐让失败的感觉更加沉重。可以说，以上这些节目是《足球之夜》的招牌，这样的节目不仅适应市场的需求，同时也在观众心目中留下了好印象，为体育专题栏目的发展发挥了积极作用。这些节目最直接的作用主要体现在电视产品的生产上，即"思想精深、艺术精湛、制作精良"的精品电视作品，其核心就是创新。在电视这个"朝阳产业"中，电视策划必须拿出思想的利剑，注入创新思维和改革意识，解决电视节目整合的各种问题和栏目运作中的各种矛盾。

**3. 强化画面叙述与纪实功能**

体育电视作品是声画的完美统一，是对作品局部画面或声音的刻意强化，这对于制作者创作意图的表达、作品情感的渲染、创作意境的营造起到事半功倍的表现效果。

（1）大量运用长镜头以突出电视画面的叙述与纪实功能：在电视语言中，镜头是一个不可缺少的因子。电视镜头是指摄影机从开机到关机不间断地拍摄所记录下来的一个片断。一般来讲，在专题节目中，一个镜头的时间长度在 6～8 秒钟之间，有人做过统计，CBS 的王牌节目《60 分钟》的同期声长度不会超过 30 秒钟。长镜头是一个相对概念，也就是镜头长度会更长，有的可以达到几分钟。《足球之夜》在许多节目中就大量运用长镜头描述球场内外的故事。在 2001 年庆祝中国队进入世界杯的特别节目中，主教练米卢蒂诺维奇从休息室门口走出来，一直走到教练席，与替补球员和中方教练员一一握手，然后坐在自己的位置上。这一镜头一直持续了 1 分 20 秒，把米卢蒂诺维奇的整个行动全部展示在观众面前。比赛胜利之后，包括足协领导、教练员、球员，以及记者在内的人在休息室里庆祝出线，而米卢蒂诺维奇则站在欢庆的人群外，披上衣服，让朋友帮他向家里打电话，他来回踱着步等待着电话的接通，电话通了以后他一个人走到窗边接起了电话。这一镜头总长是 3 分 20 秒，没有配音。这一场景将一个外籍教练员此时的轻松和与家人对话的心情完全表现了出来。

法国著名电影大师安德烈在提出其长镜头理论时指出，有些单个画面不但有意义，而且有很深刻的意义，因此，要用长镜头的拍摄方法将画面的意义充分展现出来。在传播与接受中，某个画面可能具有某种很深刻的特定意义，甚至摄像师的拍摄视角发生某种变化，画面意义随之就会发生变化。正是画面本身的意义，给电视报道带来了独特的阐释力量。

（2）适时运用运动镜头加强电视画面的冲击力：在《足球之夜》节目中可以看到一些较有冲击力的画面，如在有关亚俱杯专题节目中，编辑运用了大量的快速推、拉、摇、移的镜头。一方面，这样的镜头对观众的视觉有很强的冲击力，增加了用镜头说话的力度，从审美的角度上说，也给观众带来了视觉上的美感。另一方面，这些镜头也可以起到转场作用并能表达某些抽象的意义。这样的做法引用了 ESPN 的《欧洲冠军联赛精华》的制作方法，虽然运用技巧还略显生涩，有东施效颦之嫌，但也有可取之处。除了以上在视觉感观上的美感、现场感之外，还表明国内的电视体育节目也在积极学习和借鉴外国同行先进的制作经验、制作技术和制作理念，并将其适时运用到自己的节目创作中。

**4. 特殊的主持风格**

节目主持人既是节目的"驾驶者"，也是"旁观者"，身在节目之中，心在节目之外。这种若即若离的距离使主持人能够清楚而冷静地看待事实，从中提炼出本质，使观众更直接迅速地了解事物。应该强调的是，主持人也是事实的忠实侍者，不能凌驾于事实之上，主持人的评论代表栏目和自己的观点，但是不能歪曲事实，因为事实和观众是对应的，对事实的不尊重就是对观众的不尊重。同时，作为《足球之夜》这种评论性节目主持人，虽然拥有着在大众媒体发表评论的话语权，但更不能在事实上进行扭曲，应始终在客观公正的基础上发表评论。

《足球之夜》栏目从创办至今，几位主持人都是以精湛、细腻、智慧、有深度的评论见长，如在中国国奥队 1 比 1 平马来西亚痛失奥运会出线权后，一名主持人在采访一位球迷后发表的评论："不能扔，不能扔掉信念。但作为这个现实来讲，我觉得作为从事足球的足协也好，包括作为球队来讲，包括教练也好，我想打成这个样子，我觉得从专业角度来讲，我们应该承担的责任一定要承担下来。但作为足球来讲，中国足球应该怎么样来发展，则一定要按照足球规律去发展，这样的话中国足球才能真正的能够改变。那么，我们要给予中国足球的应该是更多的理智和平静。"

还有一名主持人重于讲理，评论内容丰富，充满思考的光芒，如在中国足球出现假球现象时其发表的一段评论："中国一句老话，快刀斩乱麻。其实你要是过于强求足协也不现实，真正要解决问题，还是要靠比中国足协权力更大的政府部门有更强力的决心，利用足协的手去解决问题。如果不这样，中国足球永远不会关乎国计民生。足球打假球怎么样？损害的只是大家的情绪，并不损害利益。为什么股市监管力度如此之大，因为它关乎一个国家的经济形象和经济秩序，关乎国计民生。只有足球地位和股市等量齐观时，监管力度才能提高，否则永远在原地徘徊。"

准确地说，这几名主持人都是记者、评论员出身，看问题的角度与一般的主持人是有区别的。记者做主持人的最大好处，在于不靠帅气或脸蛋吸引受众，而靠专业拉拢观众，因为记者最清楚，观众在有限的时间里需要更多地了解什么。《足球之夜》的这些主持人恰恰就是以自己独特的视角、缜密的思考和冷静的分析，对足球新闻事件尤其是中国的足球新闻事件进行透彻地解析，很好地满足了足球爱好者在深度报道上的精神需求。可以说，这些主持人极具深度报道特质的主持风格与《足球之夜》中以深度报道为主要报道形式的专题片交相辉映，使该节目形成了独特的风格。《足球之夜》的制作者用他们的智慧为我们奉献了许多令人难忘的优秀体育电视作品，为中国电视体育专栏直播节目的制作和中国足球的发展作出了贡献，尤其是在体育电视深度报道上作出了非常有益的探索并取得了不错的传播效果。

### （二）非常设性专栏直播节目

非常设性电视体育专栏直播节目是一种临时性体育赛事专栏直播节目，是伴随大型体育赛事进行期间而制作、播出的，它是电视体育报道中一种连续报道的节目形态，具有整体连贯、报道及时、时效性高，传播力强、夹叙夹议、多重角度，突出本质等一般性特点。这种节目是专门为了一个盛会所设置的，如奥运会、亚运会、世界杯等。比赛结束它们也就不存在了，其内容多是传递前方赛场内外的新闻及花絮，使观众及时知晓赛场内外的信息，并在此基础上进行深度挖掘和精美包装。由于这种节目都是在大赛期间以准直播的形式在赛事直播之前或之间播出，故而对吸引观众持续收视兴趣、提高收视率和收视份额、满足观众对赛事的多层次需求有积极作用，深得受众喜爱。非常设性电视体育专栏直播节目的突出代表便是 CCTV 的《豪门盛宴》，该节目从专业性、高科技运用、互动性、人文性等方面颇具特色，成为我国非常设性电视体育专栏直播节目的领先者。

以下以 2010 年南非世界杯期间《豪门盛宴》栏目为例，探讨非常设性电视体育专栏直播节目的特点。

### 1. 专业性突出

作为 CCTV 专门在大型足球赛事期间播出的一档核心专栏节目，《豪门盛宴》的专业性是不容忽视的。为了满足受众对世界杯赛事转播的专业需求，该节目特设《复盘》板块，每期都请中国足坛资深专家和国际级裁判员对比赛中的经典战术、配合进行分析，对较有争议的裁判判罚进行分析、点评，这在一定程度上弥补了主持人专业知识的不足。通过他们的专业解读彰显《豪门盛宴》的专业化水准，从而吸引更多球迷。栏目设置的《星战》板块，是一个介绍球星的平台。在介绍球星的同时，配以专业的统计数据、技术分析，有别于以往单一的历史回顾与展望。通过具说服力的数据使介绍更具专业化，并加深观众对球星的了解。栏目在解说的过程中，还配有三维立体动画（图 2-3），通过动画的慢放与标识，使观众看得更加清晰明了，对战术、分析、讲解更容易理解。

图 2-3　三维立体动画战术配合解析视屏截图

在娱乐化已经充斥电视体育报道各个角落的今天，观众反而对严肃的、专业的、具深度报道特质的电视体育专栏节目极为渴望，《豪门盛宴》恰恰满足了受众的这一需求。在 20 世纪末 21 世纪初，网络和数字技术、卫星和光纤通讯技术的应用发展，为电视体育专业化发展提供了先进的技术支持。网络媒体具有开放性、交互性、自由性和平等性等优势，数字电视则具备观众选择余地大、画面清晰逼真等特点。这些新技术的出现，使我们对体育赛事技战术的详细解析成为可能，在很大程度上进一步催化了电视体育专栏节目的专业性发展。

**2. 赛前与赛后报道并举**

众所周知，赛前预报是新闻媒体对事先安排好的比赛时间、地点、门票等静态信息进行预报，这些静态信息都是受众较为关注的问题。在赛前报道节目中，每场比赛前主持人都会通过现场大屏幕，向观众介绍即将到来的比赛详细信息，如参赛队的情况、运动员特别是体育明星的状况、教练员的部署，以及场地、气候、球迷状况等可能对比赛产生影响的因素，以满足观众的需要。由于观众和球迷群体情感因素的作用，同时体育比赛的过程与结果往往具有悬念性，因此人们在赛前对可能影响比赛进程和结果的各种最新动态十分关注。为此《豪门盛宴》栏目在比赛还未开始的时候，就会对当地的天气、所要进行比赛的球队、众多球星近来的状况进行了介绍，使受众进一步了解即将到来的比赛的相关信息。

有好的预报，也要有好的总结。《豪门盛宴》栏目在南非世界杯赛程的每个阶段都有阶段性总结，为前一阶段的赛事画上一个圆满的句号。这些总结善于找出世界杯赛场上有规律的东西，进行深度发掘，并对焦点事件进行精心剖析。以小组赛结束当日的赛后总结为例，栏目对小组赛中各支球队的表现进行了概括式总结，囊括了诸多内容，如对各大洲参赛队的表现的评论；球迷、球员对世界杯用球"普天同庆"的评价；观众、球队对裁判员黄牌、红牌判罚的反应，以及小组赛阶段进球率等相关数据统计的总结，内容充足，丰富多彩，分析到位。为满足观众需求，栏目还制作了极具美感的 MV，向观众展现了小组赛的 10 佳进球和 10 大扑球等精彩瞬间，既为观众带来力与美结合的视觉享受，又为以后的报道留下了宝贵的资料，可谓张弛有度、调度有方。

**3. 运用增强现实技术凸现节目科技含量**

随着电子技术与电视技术的发展，在线包装也被越来越多地运用在电视体育专栏节目的直播中，体育赛事直播中的字幕等也突破了原来的界限，更多的新兴概念与技术在直播中得以运用。例如，《豪门盛宴》充分利用演播厅有限的空间进行多种创新，采用"增强现实"技术，在演播室内营造虚拟 3D 球场和立体影像，是中国体育电视节目在制作上的重大突破（图2-4）。节目在节目现场展示了虚拟技术合成的3D南非世界杯各个球场，犹如一个个精致的小模型，在介绍比赛球员时还可以随着镜头的变化发生视角和纵深的变化，引起观众强烈的好奇心和兴趣。《豪门盛宴》还第一次使用了3D立体影像，如梦幻般透明的屏幕在演播室中央旋转，主持人通过其来讲解比赛战况、新闻资料、媒体反应，清晰明了，变幻多端，视觉效果极佳（图2-5）。

图2-4 演播室虚拟3D球场视频截图

图2-5 演播室虚拟3D立体叠加影像视频截图

虽然，早在 20 世纪初一些国际体育电视大鳄如 ESPN、SKY SPORTS 等早已在其赛事直播中采用了增强现实技术，但此技术真正在中国体育电视演播室出现却始于此次的《豪门盛宴》。这无疑开创了 3D 技术在中国体育电视节目演播室制作中运用的先河，也为今后体育电视节目的发展提供了新的思路。随着我国经济与科技实力的进一步增强，各种形式的 3D 技术必将越来越多地运用到电视体育专栏节目的制作中。

### 4. 重视互动性

传播者与受传者之间的互动关系决不仅仅是交流沟通的关系，而是一种更为即时的反馈。它尽可能多地让观众参与到节目中并尽量使观众获得"内容主权"，以便对电视节目产生影响作用。体育电视从业者应在采、编、播各个环节都要将受众放在重要位置，满足观众对体育的全方位、多层次需求。在电视节目"收视率为王"的时代中，尊重受众，为受众服务，实现媒体与观众的良好互动，成为衡量优质体育电视节目的重要标准。

电子科技的创新与发展为体育电视尊重受众、满足受众需求提供了技术支持。现代科技，特别是互联网和多媒体技术的普及与进步，已经成为进行远程、快速、互动式传播和促进体育国际化发展的关键，并且已经广泛应用到体育节目的制作中。电视体育传播与网络的结合为体育电视节目实现互动交流提供了最大的空间。球迷可以将自己的问题或意见通过手机短信或 E-mail 直接反馈给主持人，在即时问答中实现信息的平等交流和互动沟通，加强了受众选择的自由度和主动性，大大拉近了体育电视与受众的距离。随着赛事直播的增多，让观众通过手机短信及时进行信息反馈，同步参与到赛事直播中进行评球的方式也越来越普及。一个栏目要取得成功，就要充分调动起观众的情绪，《豪门盛宴》就采取与现场观众互动的方式充分调动了观众的持续收视兴趣。在节目中我们看到主持人让观众现场回答问题、现场抽奖并发放礼品。而该栏目设置的《足球同学会》板块以辩论赛的形式与观众进行互动，既增加了观众的足球知识，又活跃了现场气氛。该节目主持人还连线前方记者，要求其回答各种观众所感兴趣的问题，增强观众的心理满足感。在《豪门盛宴》直播过程中把观众融入节目的主体中来，节目、主持人、现场观众、电视观众融为一体，观众经常能感觉到自己也在演播室和主持人交流，甚至能够感觉到自己也是主持人。

此外，该栏目还推出了中国电视史上第一只会说话的吉祥物——扎库米，这只南非的小猎豹吸引了众多观众的目光，不仅活跃了现场气氛，还连带着让电视机前观众的气氛一同活跃起来。为了进一步扩大收视群体，《豪门盛宴》还特别设立了《我的球队》板块，其宗旨为"支持我（喜欢）的球队，加入我（喜欢）的球队"，进行"草根足球队"的选拔活动，结合当天的比赛参赛球队，选拔一支草根球队到现场接受褒奖，节目的理念就是服务于大众，服务于草根，让中国的草根球队通过其亲身参与世界杯，讲述自己的足球生活，找到归属感，圆普通人的足球梦想。同时，也可以让广大观众了解中国草根足球文化，了解中国草根足球队现状，让更多的人了解足球，感受足球的魅力，继而拉近普通人与足球、与《豪门盛宴》的距离，为广大观众提供观赏世界杯的另一视角。

### 5. 人文关怀

电视体育报道有两大任务，一是通过电视体育报道带给受众大量的体育信息；二是通过各种各样的体育电视节目传达给受众终身体育、公平竞争、自强不息等理念与精神，两者同样重要，不可偏废。我国过去的电视体育报道有"重金牌，轻人文"的趋势，随着体育电视从业者在实践中不断摸索、思考，这一现象已经得到扭转，当今中国的电视体育赛事报道已经越来越注重"人文关怀"。现代的电视体育专栏节目，应该是围绕体育的内容，具有新闻节目的信息量及新闻点，再用社教节目的人文观念去拍摄专题节目，而不是过去那种单一的赛事报道。南非世界杯进行时，《豪门盛宴》栏目为凸显"以人为本"的服务意识和普世思想的报道理念，采取了全面、具体、深入，更加人性化的赛事报道，得到了受众的认可和赞同。

《豪门盛宴》在此次报道中摆脱了以往狭隘的"唯金牌主义"思想，不仅报道取胜的球队和大力神杯的最终获得者，还"不以成败论英雄"，充分报道一些弱队的进步和突破，客观分析实力和差距，如栏目为已被淘汰的球队专门制作了MV，还打出"告别，但不是永别"的意味深长的字幕，给予了失利、被淘汰的球队很多关怀和尊重，也体现了《豪门盛宴》栏目报道极大的包容性。这种报道思路有利于各国家、民族、体育、文化的交流与融合，也有利于提升栏目形象和品牌实力。《豪门盛宴》的人文关怀，在提升栏目品牌形象和实力的同时，也提高了节目的情趣、收视率和经济效益，可谓一举多得。

### 6. 包装精美

节目包装向来是一个节目必不可少的部分，再好的节目内容也需要精美的包装，否则就会味同嚼蜡。国外的电视节目非常重视包装，而在我国电视业发展的初期，由于观念、经济、技术等方面的全面差距，节目的包装做得并不好，直到近年才开始逐渐重视这个问题，目前我国电视节目做得较好的就是中央电视台。由于体育节目充满了力与美，可以在美的享受上做文章，故而电视媒体常常会以体育节目作为提高该媒体节目包装水平的突破口，《豪门盛宴》的包装就颇有特色。2010 年的《豪门盛宴》制作了色彩缤纷的动画片头，将南非的风光、足球盛宴完美地融合在一起，这种动画性质的片头在我国大型电视体育专栏节目中还较为少见。《豪门盛宴》中还加入了不少精美的插片，或活泼灵动，或引人深思，或带有历史的厚重感。这些插片既在节目编排上张弛有度，也起到了良好的包装效果。与此同时，该栏目还积极学习和借鉴国际体育电视的先进经验，在节目中适时插入大量世界杯赛事直播预告片，使观众能够非常方便、及时地获得赛事直播的相关信息，并且这些插片制作精美、构思巧妙、蕴意深刻，本身就是精美的电视艺术品，使观众从中得到了美的享受与慰藉。《豪门盛宴》在节目包装上的成功，说明了电视节目尤其是电视体育专栏直播节目离不开节目包装，节目本身的内容只是一个方面，但成功的节目包装也是节目成功的必要条件。

体育电视直播节目的种类繁多，特点各异，为电视体育报道增色不少。正是有了这些节目，才推动了体育电视、体育电视媒体和体育赛事的整体发展。同时也在世界范围内培育了数以亿计的体育电视受众，使收看体育电视节目成为当代人的一种生活休闲方式。

## 思考题

1. 电视体育新闻直播节目的特点有哪些？
2. 请比较国内外电视体育专栏直播节目的异同。
3. 请参照本章的相关分析，对中央电视台体育频道《城市之间》栏目的特点进行归纳分析。

# 第三章　体育赛事直播的导播

**【本章提要】** 体育赛事直播是体育节目制作当中较复杂的一项系统工程，它涉及的人员、工种以及工作环节非常多。在这些人员、工种以及工作环节中，导播起着核心作用，他是一名组织者和指挥员，更是整场赛事直播的灵魂人物。

在所有体育电视节目中，相当一部分是以直播形式播出。即使是一些录播的节目，其实在录制时也是按照直播的流程操作的，而直播的体育电视节目更是如此。在直播的体育电视节目中时效性最好、最受观众欢迎的就是体育赛事直播节目。在这种节目中，赛事信号无论是来自该电视媒体自己的现场直播团队，还是购自其他电视媒体，都需要在演播室进行必要包装后方能正式播出。体育赛事直播就是电视媒体利用从赛事现场得到的以影像和声音为基本形式的信息源，制作加工后传送给观众观看的一种节目制作方式。如前所述，赛事信号的现场制作与赛事直播时的演播室包装是有区别的，这两个环节构成了体育赛事直播的完整流程。同时，这两个环节的导播也是有所区别的。赛事信号现场制作导播需要依据所直播的体育项目的特点和电视规律，对比赛现场的几个甚至几十个讯道所提供的音、视频信号进行选择切换，并对直播画面适时进行字幕、慢动作、特技等加工处理，制作出可以为众多电视机构共用的赛事信号。赛事直播时演播室包装导播则根据本国或本地区观众的需要，在节目中加入解说、主持人、采访、字幕、专题片、集锦等节目元素，将现场制作的赛事信号转变为适合在本国或本地区播放的体育赛事直播节目。体育赛事的实况直播是体育节目制作当中较复杂的一项系统工程，它涉及的人员、工种以及工作环节较多。在这些人员、工种以及工作环节中，导播起着核心作用，他既是一名组织者也是一名指挥员，更是整场赛事直播的灵魂人物，可以说，导播的素质将直接影响到体育赛事直播的整体质量。在体育赛事直播的两大环节中，不同的导播团队，实际上是各司其职地承担着不同的导播制作任务。导播是创造节目整体视觉和听觉的最后表现，具备即时制作的特性。他不能打断或干涉正在进行着的体育新闻事件，只能运用电视的表现手段去反映它、表达它。导播必须精通传播工具，并通过它实现自己的目的，获得制作人员的信任与合作，保证工作如期完成。电视导播更要精通体育赛事的画面语言，因为即时切换时没有时间仔细斟酌。不恰当的切换，将导致赛事直播的镜头衔接混乱，给观众造成迷惑。任何一次体育赛事直播都是一次创造性的挑战，绝没有两场完全相同的体育赛事直播。一名优秀的导播在体育赛事直播中，应充分发挥其扎实和丰富的体育知识功底来加强直播的画面效果。总之，一档直播类体育电视节目的成功与否关键之一就是导播的临场表现。

# 第一节　体育赛事电视信号现场制作导播的工作内容

　　导播是体育赛事直播节目整体视觉和听觉的最后表现者，具备即时制作的特性，他不能打断或干涉正在进行着的体育新闻事件，只能运用电视的表现手段去反映、表达正在进行的体育赛事。从某种意义上说，导播就是体育电视节目制作的核心人物。

## 一、导播的概念

　　从狭义上讲，导播是指对拍摄对象（新闻事件和各种演播室节目）进行同步拍摄、剪辑、录制，进而同步播出的电视节目导演。从广义上讲，导播不是独立、单一的概念，确切地讲，他是一个团队的核心领导者，这个团队包括编辑组、摄制组、录制组、灯光组以及演播室的主持人等。导播实际上包含两层含意，一是指在电视台或电台组织和指导演播工作的人，二是指这一工作是电视台、电台节目直播中非常重要的、不可或缺的工种。出色的导播工作，既需要摄像师的景别拍摄、现场导演灵敏的调控，以及音响师对声音的准确把握，更需要导播对整个节目的全局操控。他们之间形成一个有机的整体，相互作用，共同为体育电视节目的制作和传播服务。电视的综合性决定导播是一个团队协作体。实际上在英文中，无论导演还是导播都用"Director"来表达，即戏剧、电影、广播、电视四种不同媒体节目演出（或播出）的指导人员，统称为"导演"。在中文里，戏剧和电影的导演一律称为"导演"；广播电台的导演，有的称为"导演"，有的称为"导播"；电视台的导演，则分成了"导演"和"导播"两种不同的职务和工种。总之，体育赛事电视信号现场制作导播在进行体育赛事电视信号的现场制作时，负责调度、选择、切换、整合处理比赛现场的视频、音频信号，并掌握制作时间及信号质量。导播工作涉及体育赛事电视信号现场制作的视频、音频工作，如摄像机位和拾音话筒的设置与微调；现场画面调度与切换；特技、字幕、慢动作重放次序的统筹安排，以及音频设施的设置与调控等。导播工作具有较强的思想性、专业性与艺术性，它关系到广播电视节目的设置、报道计划的制定与实施，以及传播效果等。因此，有人将导播工作比做广播电视节目制作与传播过程中的"心脏"，足见导播工作对广播电视节目制作与播出的重要性。

实际上，承担大型体育赛事电视信号现场制作导播工作的往往是一个导播团队。随着现代电视技术的发展，在体育赛事直播中，导播进行现场切换时已由从前几个讯道组成的 ESP、EFP 方式，逐渐转变为讯道数目繁多、辅助设备复杂，或多种多讯道制作方式复合的技术。在如此复杂的制作流程和高标准的制作要求下，体育赛事直播中的每个工作岗位都需要更加细化、明确分工。在当今的大型体育赛事电视信号现场制作中，导播工作已经由总导播、助理导播、场地导播、慢动作导播、字幕导播和切换导播这六个职能岗位共同完成。由于条件所限，我国电视媒体中只有中央电视台能在赛事直播中实现这一导播工作的"一变六"模式。

## （一）总导播

在体育赛事直播或录播中，总导播负责指挥各个摄像机位、掌控慢动作重放顺序与时机、整合图表字幕信息，以及监听所有和画面相关的音频信号。在整个节目制作过程中，所有节目制作及技术保障部门的工种都需要向总导播负责，接受总导播的指挥控制。此外，总导播还应了解所转播体育项目的规则与特点；熟悉体育赛事转播的流程与实施细节；事先勘查比赛场地；制定赛事转播的工作计划和基本流程串单；布置各个摄像机位并确定拍摄对象和景别；监督与协调音频、视频、灯光、信号传输、播出、美术等技术部门的相关工作实施情况。

## （二）助理导播

助理导播是总导播的助手，主要负责根据赛事转播的工作计划和基本流程串单的步骤，帮助总导播控制把握整个赛事转播进行的流程和时间，并及时发现、提示可能出现的问题。助理导播应充分理解总导播对整个赛事转播的思路与要求并熟悉体育赛事转播的流程。

### （三）场地导播

场地导播，也可称为"现场导演"，是总导播在体育赛事现场的代言人。在体育赛事直播或录播中，场地导播通常是在比赛场地内综合安排布置摄像机位，并且负责随时将总导播的指令传达给现场没有配备通话设备的工作人员，随时向总导播提供赛场发生的各种信息，如运动员出场顺序的更改、比赛时间的调整等等。场地导播在正式转播之前，应参与赛事转播的预先演练。

### （四）慢动作导播

慢动作导播主要根据总导播的指令，协助其完成比赛中一些特殊、精彩的慢动作画面播放工作，此时，他既可以亲自操作，也可以指挥慢动作操作员选择慢动作回放画面。一个有经验的慢动作导播，能够在得到总导播的指令之前准备好需要回放的比赛画面以供总导播使用。

### （五）字幕导播

在体育赛事直播或录播中，字幕导播需要按照总导播的指令，亲自操作字幕机或指挥字幕操作员完成上下各种字幕、图表、广告图标等工作，并掌控好各种图文字幕的播放时机和停留时间。为了保证赛事转播的顺利进行，字幕导播需要在赛事转播之前组织相关人员制作完成所有图文字幕，并仔细检查与核对，以保证字幕质量。

### （六）切换导播

切换导播，有时也称"切换员"，主要依据总导播的指令对现场制作的体育赛事电视信号的视频输出部分负责，其主要工作是通过对切换台的操作进行镜头切换，以及特技、字幕的插入和慢动作回放。可见，大型体育赛事转播的导播团队有着明确的分工。但是，这种分工模式需要导播团队的各种导播岗位相对固定，长期合作，以形成默契，这样才能高质量、高效率地完成赛事转播任务。

## 二、导播的工作内容

体育赛事转播最重要的就是导播的构思，它决定整个节目的深度、广度、力度。在时间设计上，要对节目的整个流程统筹安排，即从片头、背景材料的介绍到赛况转播、比赛间隙的运用，直至片尾字幕及音乐等各个段落的处理要有清晰的线索。在空间设计上，由于转播基本上是实景拍摄，导播要有出色的场面调度能力，对一切可能进入画面的场景都要了如指掌，如整个场馆的方位、外观，以及场上布局的细节等。导播在转播车内，通过对讲耳机调度摄像机的景别、角度变化，手动切换台的键钮，进行快慢切换、特技处理，这要求导播有敏锐的反应能力。

体育赛事转播是一项复杂的系统工程，而导播就是这个系统工程的核心，其肩负的任务十分重大且非常繁杂。导播的主要工作是，在赛事转播之前，对整个转播活动进行策划与部署，如整个转播团队的吃、住、行，与视频、音频、信号传输等有关技术部门的协调，预先勘查比赛场地并初步设置摄像机位等；在赛事转播过程中，对现场所有参与转播的工作人员，如摄像、视频、音频、解说、灯光等进行指挥调度，对各机位摄像机所拍的画面进行即时的取舍、切换，并根据需要对画面进行各种特技处理；转播结束后，则要做好各种善后工作，以及对整个赛事转播活动进行总结等。

### （一）策划与部署

当今的体育赛事转播，尤其是世界性大赛的电视转播都是以立体化直播的形式呈现，因此，在整个转播过程中，各个环节非常繁杂，为了保证整个赛事转播活动能够顺畅运行，就必须预先进行策划与部署。作为体育赛事转播的导播就应事先对比赛现场进行踏勘，了解情况，如通往比赛场地的道路交通状况、现场有无适于停放转播车的地方、有无场地内可用和备用电源并且电源的负荷能否满足转播的需要、微波信号的发送会不会受阻，等等。人员方面也需策划，如需要设置哪些工作岗位、各个工作岗位需要多少人，以及确定负责人等。经费预算也是体育赛事转播活动的重要环节，要根据整个赛事转播活动所需动用的人力、物力估算出总体费用。在具体操作时，必须事先拟定好具体详细的经费预算明细连同赛事转播方案报主管领导审批。整个赛事转播活动的组织安排也需事先谋划，内容一般包括赛事转播文案的写作分工、转播现场的布设、人员的培训、设备的领用和安装、有关耗材和降温避暑或御寒用品的采购、交通工具的调用与人员进场的安排、赛事转播之前的宣传预告、参与赛事转播工作人员的食宿和经费的使用及管理等后勤工作的落实等等。

准备工作完成之后，就要着手组建转播团队，即按照事先计划设置的工作岗位落实摄像师、解说员、主持人，以及音频和视频工作人员等。转播团队的人员应该相对稳定，这样才能确保转播工作平稳、有序地进行。转播团队组建完成后，应召开由导播主持下的各岗位工作任务专门会议，就具体工作任务和职责、整个赛事转播活动的内容和要求、转播开始的时间与时长，以及转播活动详细日程安排等进行统筹规划。导播还应在转播之前制定好赛事转播的基本流程串联单（表3.1）。一般情况下，在比赛开始前3小时，转播团队和必需设备要到达比赛现场，并按计划布置。在比赛开始前1小时，完成所有系统检测、调试及与信号传送线路调对的工作，进入备播状态。由于许多赛事的转播需要为其他购买转播权的异地电视机构传送公用信号，因此，在比赛开始前30分钟至比赛结束后10分钟内传送比赛场地公用信号。传送标准为，各电视转播系统从转播比赛开始前30分钟，到比赛结束后10分钟的时间区间内，传送比赛场地公用信号。这样才利于异地电视机构接收、调试赛事公用信号，使其顺利完成赛事转播。

表 3.1　足球赛事转播基本流程串联单

| 倒计时 | 时间长度 | 画面 | 字幕 | 声音 |
|---|---|---|---|---|
| −30:00 | 19:00 | 75%彩条 | 比赛场地（比赛名称、对阵、场地） | CH1——1KHZ（混合）CH2——400KHZ（国际） |
| −11:00 | 04:30 | 场地全景 | 比赛场地 | 现场同期声 |
| −06:30 | 00:30 | 倒计时 | | |
| | | | 节目开始 | |
| −06:00 | 00:20 | 场地全景 | 比赛对阵场地 | 现场同期声或解说声 |
| −05:40 | 00:50 | 场地全景（或球网） | 客队（上场名单）客队（替补名单） | 现场同期声或解说声 |
| −04:50 | 00:50 | 场地全景（或球网） | 客队（上场名单）客队（替补名单） | 现场同期声或解说声 |
| −04:00 | 04:00 | 裁判员、队员出场 | | 现场同期声或解说声 |
| 00:00 | | | 比赛开始 | |
| | 45:00 | | 上半场比赛 | 现场同期声或解说声 |
| +45:00 | 15:00 | | 中场休息（上半场大比分字幕后+集锦2'）场地全景 | |
| +60:00 | 45:00 | | 下半场比赛 | 现场同期声或解说声 |
| +105:00 | 02:00 | | 全场大比分字幕后+集锦2' | |
| +107:00 | 03:00 | | 赛后采访 | 单边话筒 |
| +110:00 | | | 比赛内容结束 | |
| | | | 场地全景 | |
| | | | 彩条 | |

在赛事转播过程中难免会出现信号临时中断等意外，导播应事先安排有关人员在赛事转播的准备阶段就编辑好垫播带以防不测。由于当今体育赛事转播大多呈立体化转播，所以导播需要布置专门的编辑人员预先编辑制作参赛热门球队、明星选手的背景资料片，以供转播中随时插用，加强赛事转播节目的报道厚度。机位设置在体育赛事转播中非常重要，可以说是衡量导播水平的标尺，机位设置的能力是导播重要的软性技术。它是导播对赛事转播现场的空间感、镜头画面的想象力，对摄像设备功能与表现力的经验，以及对赛事转播内容性质深入了解的综合体现。机位的安排要确保比赛现场的所有部位、各种景别、技巧的拍摄都能切实地落实，不能因为疏忽而在转播时留下无人拍摄的"死角"。大型体育赛事的规范化、程序化和其专业性，对赛事转播的导播工作提出的要求是，深入了解赛事所涉及体育项目的规律与特点，精确有效地衔接各个工作岗位，准确的掌控时间及流程，妥善灵活地处理各种突发事件，运用电视语言保质保量地呈现比赛全貌。在赛事转播前，导播要设计、安排好摄像机所在的位置，向摄像师和有关技术人员明确相关问题，如机位是固定还是流动、是肩扛还是使用脚架、是场地上拍摄还是利用水下摄像机、轨道或钢缆还是遥控摄像机、升降机或摇臂等。各个机位所要负责的拍摄对象与范围、所需景别和主要的拍摄技法，如有的机位专门负责拍摄某一个或几个场上的明星球员，而另外一些的机位则负责对观众细微表情的捕捉，每个机位将在拍摄时主要采用远景、全景、中景、近景、特写等景别中的一种景别，同时在转播中拍摄时摄像师要根据导播的安排采用推摄、拉摄、摇摄、移摄等拍摄技法。为了使参与转播的所有摄像师心中有数，导播还应该事先画出简单明了的机位设置图供摄像师们明确自己应处的位置与所拍摄的职责范围。对于一些世界性大型赛事，主办者对电视转播的某些具体环节有明确规定，作为赛事转播核心的导播也应该事先学习、吃透这些规定，并在随后的转播中贯彻其中。如在奥运会公用信号制作要求中，明确提出运动员入场时的画面景别要先全景，再跟拍不同的队员近景，每个队员的近景停留时间为 3~5 秒钟，下一个镜头应为该国观众或啦啦队的画面。所以，导播必须在转播之前熟练掌握这些规定，并对摄像人员进行培训，必要时通过观看样带使参与人员进一步明确职责。

### （二）指挥与调度

导播除了在转播之前需要完成上述工作之外，在转播过程中更要承担指挥调度各个工作岗位人员的工作，使整个赛事转播活动顺利运转，直至转播结束。

在赛事转播过程中，所有参与转播的工作人员都要无条件地服从导播的调度指挥，这是赛事转播的纪律与原则。

(1) 调度摄像师：在赛事转播中，摄像师负责采集比赛现场的视频信号，这对整个转播非常重要。虽然摄像师都有单机拍摄的经历与经验，但赛事拍摄在概念上与单机拍摄存在较大差异，它是多台摄像机在同一时间、从不同角度相互配合拍摄的一项工作。所以，在这种情况下导播就要根据转播的需要对各机位的摄像师进行指挥和调度，如拍摄景别、技巧、内容和角度，以及构图方式等。一个富有经验的体育赛事摄像师能够自觉、主动地为导播提供便于切换或可能受到关注的画面。当然，这需要双方长期配合形成一种默契才行。

(2) 调度现场主持人、解说员、出镜记者：在立体化转播大行其道的今天，比赛现场可能会设立演播室，同时，赛场内也会有出镜记者的单边采访，加之赛事转播过程中一直伴有解说员的评论解说，这三类人员都需要导播的适时调度与指挥。这种调度指挥要根据赛事现场的进程和情况的变化灵活处理。例如，根据具体情况指挥解说员调整解说的内容、帮助出镜记者确定赛后采访对象、地点等采访内容。

(3) 调度音频工程师：任何电视作品都是声与画的结合，体育赛事转播节目也不例外，且两者缺一不可。对于赛事转播来说，现场同期声、音响起到非常关键的作用，很难想象缺失现场同期声的赛事转播会怎样。所以，在赛事转播中，导播要根据转播的需要，指挥音频工程师处理好各路拾音话筒所传回的现场同期声的音色和音量，并维护好音频线路的通畅。例如，一旦现场拾音话筒因为运动员或运动器材的撞击而失效，就应该及时更换，以保证音频信号的顺利采集。

(4) 调度视频工程师：视频工程师的主要工作是保证转播车、演播室（比赛现场临时演播室）或其他录制系统中各种视频设备技术指标的正常准确。在赛事转播之前，视频工程师按照导播制定的机位设置图及其具体要求架设摄像机，将其与转播车上的切换系统连通，并检查摄像机控制器 CCU（Camera Control Unit）和示波器、焦距和光圈、录像设备和磁带，以及检验视频信号的稳定性，进行摄像机的色温与白平衡调节等，以避免转播、录制时可能出现的各种技术问题。在赛事转播中，视频工程师通过转播车上的摄像机控制器，对参与拍摄的各个机位摄像机的光圈，以及画面色彩和灰度等进行调节。一般情况下，导播只有在特殊情况下才会对视频工程师提出要求。例如，由于澳大利亚网球公开赛比赛地墨尔本天气常常阴晴不定，因此在比赛过程中当天气突然由阴转晴时，导播就会及时指挥视频工程师调整各摄像机光圈，否则比赛画面就会因"现糊"而严重影响画面质量。

### （三）对画面进行选择切换

在体育赛事转播中，总导播总揽全局，而切换导播则要根据总导播的意图通过监视器监看由每个摄像机拍摄的各个画面，从中选择最合适的画面切出。一名合格的切换导播必须对转播车中有关视讯切换器材的使用方法了如指掌，才能避免由于操作失误而丧失不可重复获得的画面。切换导播必须对整个赛事转播的流程非常熟悉，只有这样才能在切换画面时快速、准确地操控切换台上的每个按钮。由于体育赛事转播特有的专业性，加之赛事转播机构常常需要为其他购买转播权的电视机构传送赛事的公用信号，所以，切换导播在选择切换画面时应该遵循"公平、公正、获胜者优先"的原则，决不能掺杂个人的喜好。客观地讲，切换导播是在为不同国家和地区的多家电视机构工作，因此在切换时不能对本国或本地区的运动员有任何形式的倾向性。所以，国际奥委会电视委员会在奥运会公用信号的制作中制定了"公平、公正、获胜者优先"的原则，严格规范从事奥运会公用信号制作的电视机构的行为，特别是当比赛双方竞争异常激烈，更要注意画面的分配比例，千万不能因为场上运动员或观众是切换导播自己的同胞或喜爱的选手就把更多的镜头给他们，这是绝对不允许的。不论运动员名气大小，不论他来自哪个国家，都应在画面切换时一视同仁。而且，在任何级别的体育赛事转播中都应该秉承"公平、公正、获胜者优先"的原则，这样才能制作出高质量的体育赛事电视公用信号。虽然，在实际的画面切换时切换导播很难做到完全公正，但这应该是每个切换导播的崇高追求，在全球一体化的大潮中，体育赛事转播团队只有遵循国际通行的游戏规则，才可能在国际体育赛事转播市场占得一席之地。

此外，导播还应该根据具体情况在所切出的画面上适时叠加字幕及进行一些特技处理。字幕的准备应在赛事转播之前完成，导播应该非常清楚在赛事转播进行到什么时候、哪个画面需要叠加字幕、需要叠加什么内容的字幕，并明确指挥字幕导播和字幕员转播开始前的准备阶段就把整个赛事转播过程中即将各屏字幕提前设计好、打好并保存在字幕机里，以便在转播过程中随时按需调出叠加在切出画面上。由于体育赛事中运动员的动作速率很快，有时观众看不清楚，所以在赛事转播中导播常常会根据实际情况对精彩、诙谐和犯规镜头等进行慢动作重放，以利于观众的仔细欣赏。导播还可根据实际需要对画面进行适当的特技处理，如叠化、滚动、旋转、划出、溶解、定格等，但必须注意不能过多地在赛事转播中采用这些特技，滥用特技只会干扰观众对体育赛事的正常观赏。赛事转播结束后，导播还要督促各岗位工作人员做好清场、收拾、归还所借用的各种器材，并召集所有参与赛事转播的人员开会对整个转播过程中的得失进行分析总结，以便在下一次的转播中进一步改进提高。必要时，导播将会调用本次转播的录像带进行仔细的分析总结，以提高整个转播团队的业务水平。不难看出，体育赛事转播的总导播工作事无巨细、非常繁杂，为了出色地完成任务就必须全神贯注，付出超乎常人的脑力与体力，可以说，总导播是一个赛事转播团队中最为劳累的人，而其正常发挥与否往往决定了整个赛事转播的成败，所以，总导播理应得到赛事转播团队所有成员的全力配合与尊敬。

# 第二节　体育赛事导播的工作特点与人员分工

电视节目导播因为节目类型的不同而不同，如电视新闻直播节目导播、电视访谈类直播节目导播、电视综艺晚会直播节目导播，以及体育赛事转播节目导播等。由于这些节目的特点各异，所以在直播或录播过程中，导播的工作特点也不尽相同。

## 一、体育赛事导播的工作特点

体育赛事导播需要以体育赛事这个体育新闻事件为基础进行工作，在比赛进行的同时拍摄和剪辑画面而不能随意干预和中断比赛。由于体育赛事本身极富"悬念性"和"戏剧性"，因此，体育赛事导播工作除了具有不可预测性和故事性的因素之外，还因赛事本身的专业性和信号制作上的规范性、特殊性而体现出特殊的工作特点。

### （一）专业性

专业性是指在体育赛事转播中所制作的电视信号的内容具有专业性。众所周知，当今体育赛事转播所涉及的体育项目已经涵盖了世界上绝大多数体育项目，而这些体育项目数目繁多，各具特点。要使体育赛事转播电视信号的内容具有专业性，体育赛事导播就应该掌握体育项目的基本特点，并将体育项目的特点与电视的声画语言进行良好结合。例如，在球类项目转播中，导播应注意"动静结合"，适时将运动员的激烈竞争和观众热情加油的镜头切换出来，导播在切换时还应注意景别的丰富，如三大球项目场地大、参赛人数多，在切换时既要给出体现双方技战术配合的远景、全景画面，也要适当插入反映球员表情、犯规动作、裁判员判罚等细节性画面，全面地展现比赛全貌。而在游泳、跳水等项目的比赛中，导播就应预先设置水下摄像机位，以满足观众的需求。

随着电视和体育在全球的日益普及，体育赛事电视转播的受众越来越多，而且也越来越具有专业化倾向，这就对体育赛事转播提出了更高要求。因此体育赛事导播要在充分了解体育项目特征的基础上，将信号内容的专业性与赛事细节信息完美结合，并用适当的电视语言将这些特征合理地呈现给受众，以满足受众的需求。

### （二）复杂性

体育赛事电视公用信号制作导播的工作一般是在转播车上进行的。转播车相当于一个压缩的演播控制室和设备室，装配一个带预览和输入输出线路监视器的图像控制中心；一台带特技功能的切换台；一台字幕机；各种内部通讯系统（P. L., P. A. 以及高级 I. F. B. 系统）；一台大型调音台、模拟录音机、监听扩音器，以及内部通讯系统的音频控制中心；可以完成常规录像功能、连续回放、做慢动作与静帧运动的高级录像设备组成的录制中心；一个由摄像机控制单元、技术支持设备，以及连接摄像机、音频、内部通讯和灯光线等的接线板组成的技术中心（图 3-1）。通常，

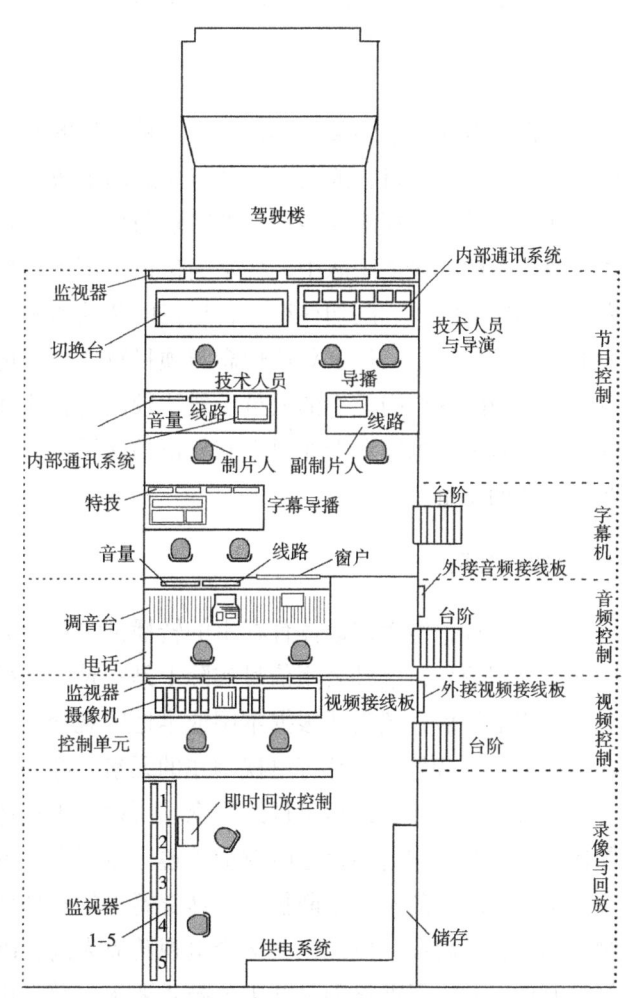

图 3-1 转播车示意图

在赛事转播过程中，有十几个讯道的信号需要导播来调度切换，一些大型赛事如世界杯足球赛的转播更是有 20 台以上的摄像机参与信号制作，各个岗位的导播要在如此复杂的操作环境中，快速、准确地完成自己的岗位任务并不轻松。

作为赛事转播的总导播和切换导播，除了要完成切换等工作之外，还应对各个机位的摄像设备有充分了解，这样才能有的放矢地调度、切换。随着转播技术的不断发展，摄像机的种类、镜头倍率、应用方式也日趋复杂，各种新技术层出不穷。导播不仅能够操控设备，而且还应对比赛有一定的预见性，这样才能给观众呈现一场精彩纷呈、跌宕起伏、悬念丛生的体育大戏。

### （三）稳定性

体育赛事项目繁多又各具特点。这种项目的专业性决定了体育赛事转播的导播只能担当一个项目，或内容、特点相近的少数几个项目的导播工作。这也有利于导播不断学习、理解这些项目的特点与规律，把转播工作做得更好。另外，在体育赛事转播的导播团队中，各个岗位也是不可替代的。例如，字幕导播就很难完成切换导播的声、画切换组合，导播团队的明确分工有利于各个导播积极钻研业务，把设备技术条件、导播理念与项目特点更好地结合，使转播质量上一个台阶。导播团队各个岗位中的人员一般比较固定，这样可使团队成员彼此熟悉各自的工作，对项目内容和专业要求有相似的认识，有利于团队成员形成默契，保证赛事转播的质量。

### （四）共用性

时至今日，绝大多数体育赛事的转播都需要为购买转播权的其他电视机构传送赛事公用信号，这种公用信号实际上是一种最基础的信号，各个电视机构在购买了公用信号后，还需要根据本国或本地区观众的需要，加入解说、字幕、赛前和赛后采访、背景专题片等电视制作的元素，亦即对购买所得的公用信号进行包装、整合之后，才能最后呈现给观众。所以，承担体育赛事转播公用信号制作的导播团队，在制作公用信号时就应该遵守该赛事主办者的信号制作规则。随着体育赛事在国际上的影响不断扩大，体育赛事的转播已经进入了一个电视公用信号制作标准化的阶段。以北京奥运会电视转播为例，BOB 对每项比赛的电视国际信号的制作，制定了严格而又详细的技术要求。整个电视国际信号制作过程的每一个细节无时无刻不在体现着标准化的操作。制作国际信号的技术人员使用的所有设备均由 BOB 提供，声音质量标准相同，这样有利于标准化制作。所有的 BOB 工作人员分工细致，各司其职，各部门的工作都有专人负责。例如，布线工作就是由专门人员按 BOB 的要求按时布线到位。转播车到位时，所有的电源、视频、音频等综合电缆及各种端口都已布好，音频制作人员只需按 BOB 要求用短线安置一下话筒即可。字幕的使用同样有标准，在其工作流程中，BOB 做了严格的要求，诸如字幕何时出、以何种形式出、出多长时间等。BOB 要求给出的镜头必须要让从七八岁到七八十岁的人都能看得懂，不能采用只有专业体育人员才能看得懂的表现运动员小动作的镜头，诸如不仰拍、不俯拍，以及切换不能太快、镜头不能摇得太快等，BOB 都提出了详尽而严格的要求。BOB 对整个工作流程也做了规定，从赛前准备到国际信号开始制作，再到比赛结束，制作人员必须严格遵守这些流程。所以，导播团队在制作公用信号时就要时刻牢记自己是在为全世界或多个国家或地区工作，不能对本国或本地区的选手有任何倾向性，要始终秉持"公平、公正、获胜者优先"的根本原则。在级别低于奥运会、世界杯足球赛的赛事公用信号制作中，转播制作团队也应坚持对观众负责并应有良好的职业素养，以专业的角度公平、公正的完成公用信号的制作任务。这是一个赛事转播团队融入国际体育赛事转播界的最基本的"敲门砖"。

如前所述，体育赛事转播的电视公用信号制作实际上只是整个赛事转播过程中的一个环节，各个电视媒体接收到该信号后还需进行必要的包装之后才能最后播出。也就是说，赛事的公用信号制作是位于赛事现场和各个国家或地区的持权电视机构之间的一个桥梁性的环节，即电视公用信号的制作是赛事转播过程的前端部分，其技术设备条件和制作人员对各个体育项目的认知、对电视技术与业务的掌握及转播团队成员之间的配合决定了公用信号的质量，也直接影响和制约着整个转播效果。公用信号是各个电视媒体进行各种形式的电视体育赛事报道的最基础的素材，因此，导播一定要遵循公平、公正的原则，充分考虑公用信号这一基础信号的阶段性和重要性，并在制作公用信号的过程中注重每一个环节，才能为持权转播商提供合格的电视公用信号。

## 二、体育赛事导播的人员分工

随着大型体育赛事转播日趋标准化与规范化，导播这项工作已不可能由哪一个人来独立完成，而应由一个分工明确、配合默契、操作规范、相对固定的团队共同完成。

## （一）导播团队的人员分工

在当今的大型体育赛事如奥运会、世界杯足球赛的电视公用信号制作中，导播工作是由总导播、助理导播、场地导播、慢动作导播、字幕导播和切换导播这6个职能岗位共同完成。由于条件所限，我国电视媒体中只有中央电视台才能在赛事直播中使用这一导播工作的"一变六"模式。但是，所有专业化的体育赛事转播团队都是这样分工的。

### 1. 总导播

在体育赛事直播或录播中，总导播负责指挥各个机位的摄像机采集视频信号、掌控慢动作重放顺序与时机、整合图表字幕信息，以及监听所有和画面相关的音频信号。

目前，在我国体育赛事转播的公用信号制作团队中，由于人员、体制等因素的限制，总导播不仅要为整个转播团队的其他成员分配工作，而且还要与参与电视公用信号制作的相关技术部门，以及比赛场馆、公安消防、卫星地面站与电视光线传送网络等单位协调沟通，可谓事无巨细，事必躬亲。而"一变六"的分工模式恰恰能够避免这种情况，将总导播从繁杂的事务性工作中解脱出来，使其主要精力放在技术性的本质工作上来，如怎样在转播过程中使声音与画面更加真实、美观，使观众得到美的享受；如何将更多的高新技术切实应用到转播中去；如何做好转播团队成员之间的协调，使大家紧密合作，发挥出最大的工作热情和主观能动性，团结一致，圆满完成转播工作任务。

### 2. 助理导播

助理导播是总导播的助手，在总导播出现意外时替补总导播的工作。因此，在转播开始前，助理导播就应深刻理解总导播的制作思想，在转播过程中协助总导播完成好赛事转播任务。《奥运会公用信号制作手册》明确规定助理导播在赛前3小时和赛后2小时的工作内容，即总导播在赛前制定导播工作流程表，助理导播负责将整个流程表按照时间顺序分秒不差地提示给大家。什么时候该是几号机镜头？画面（包括字幕、慢动作、特技）内容是什么？在有些赛事转播中，对助理导播还有其他的工作要求，如《2004年雅典奥运会公用信号制作手册》要求助理导播要制作该赛事的集锦，将其编审后交给总导播。助理导播应该是整个导播团队中大局观仅次于总导播的人，他对所转播的赛事非常了解，同时在按照工作流程表进行相关提示时要内容明确、口齿清楚。

### 3. 场地导播

从某种意义上讲，场地导播就是总导播安插在比赛场地内的"侦察员"，由于各个机位的摄像机能够捕捉到的信息有限，场地导播就要及时弥补这些未被捕捉的信息，然后迅速通过对讲机报告总导播，以便其调度各台摄像机进行捕捉。此外，场地导播还需做大量沟通协调方面的工作，他既应该精通体育赛事转播的特点与流程，又具有较好的沟通能力，这样才能成为总导播猎取赛场丰富赛事信息的得力助手。

### 4. 慢动作导播

在体育赛事转播中，慢动作重放主要应达到两个目的，一是对比赛中因为运动员或运动器材速率过快，导致观众看不太清的诸如球类项目中球是否出界等画面进行慢动作重放，二是用高速摄像机拍下运动员瞬间的运动风姿进行慢动作重放，这种充满力与美的画面能带给观众视觉上的美好享受。此外，适时加入慢动作还可以使紧张激烈的比赛节奏得以舒缓，较好的调节赛事节奏。必须注意的是，在进行这类慢动作切换时，切不可因为播放慢动作而影响观众欣赏的连续性。例如，在足球赛事直播中不能因为重放慢动作错过进球或严重犯规等重要赛事信息。一名技术娴熟的慢动作导播应该熟知哪些画面是应该在赛事转播中重放的，所以应该在总导播发出指令之前主动找好慢动作重放画面的位置，以提高效率，更好地为总导播服务。

### 5. 字幕导播

每项赛事转播都有字幕的具体要求，而基本的字幕必须包括赛事名称、运动员信息、计时、比分等。这些字幕的时间和时长一般都是固定的，如比分字幕所附着的画面应当是远景、全景等稍大的景别，切不可在运动员或教练员近景或特写时出现。对于换人和红黄牌信息则应采用近景、中景等稍小的景别准确对应运动员。字幕导播的工作必须熟练，只有经常参与赛事转播并观摩其他高水平的赛事转播，才能在实际操作中得心应手。

### 6. 切换导播

切换导播有时也称为"切换员"，主要工作是完成在切换台上的一次性剪辑，将电视公用信号送出。在转播正式开始之前，切换导播应逐一检查联络通话系统，查看各个监视器的摆放顺序是否符合工作要求、切换台上的各个切换按钮是否进入正常的工作状态。作为一名合格的切换导播，应对所转播的体育赛事有较深刻的了解，以使其对比赛的进程有一定的预见性，利于其顺利地完成工作任务。此外，切换导播还应熟练掌握电视语言的各种表现手段，熟悉体育赛事转播电视公用信号制作的剪辑规则和转场方式，对切换台上各种操作按钮的功能有透彻了解，操作迅速、头脑灵活、反应敏捷。虽然在转播过程中，切换导播有助理导播的提示，也有总导播的把关，但还是应发挥自己的主观能动性把切换任务完成好。实际上，切换导播的首要任务是让观众看清比赛，这是对一个切换导播的基本要求。然后再力争多角度、全方位、多形式地反映比赛。一名优秀的切换导播在切换台上送出的，应该是各种景别相结合、适时运用字幕和特技、慢动作重放时机恰当、对比赛节奏拿捏得当且较好地凸显体育赛事"故事性"的电视公用信号。

以上导播团队的每个岗位看似独立，实则是缺一不可，就像生产流水线上的每一道工序。每个岗位环环相扣，不可或缺，彼此间相互配合的默契度是最终影响制作水平的重要因素。因此，专业化和标准化程度越高、分工越细的导播团队其磨合的要求也越高，磨合成功后制作的电视公用信号的水准也越高。所以导播团队的精细分工是为了更好的合作，只有这样才能打造出一支过硬的导播团队，顺利完成体育赛事公用信号的制作任务。

# 第三节　体育赛事导播的工作流程与切换原则

普通电视转播节目的导播与体育赛事电视公用信号的导播，其工作流程因转播对象——体育赛事鲜明的特点而有所不同，呈现出明显的差异。

## 一、体育赛事导播的工作流程

体育赛事导播的首要工作，是根据所转播体育项目的特点，严格遵循主办者制定的电视公用信号制作规则，通过反复研究确定该项赛事转播的导播方案。

### （一）制定导播方案

体育赛事转播导播团队的根本工作，就是依照事先制定的导播方案进行实际操作。所以，导播方案对整个转播起着举足轻重的作用。由于电视媒体所转播的体育赛事种类和级别千差万别，故而不同的赛事转播其导播方案也有所不同。以下为参照奥运会、世界杯足球赛例行导播方案的内容说明。

**1．赛事简介**

含赛事名称、举办地点、比赛时间、参赛队或运动员（单人项目）、赛程、简单赛制。

**2．电视公用信号制作对外服务方式**

媒体联系方式、联系人。

**3．竞赛（预赛、复赛或淘汰赛、决赛）日程及场馆安排**

（1）赛事转播电视公用信号制作的单位。

（2）比赛地点的状况及比赛场馆各项技术指标。

（3）赛事的相关内容：参赛运动员人数；裁判人数；预赛、复赛或淘汰赛、决赛的简单规则。

（4）所采用的机器设备情况、重要机位阐释。

**4．比赛流程**

预赛、复赛或淘汰赛、决赛的赛前（5分钟）、赛中、赛后（3分钟）国际信号的发送流程。

**5．导播脚本**

机位图及其说明，字幕、慢动作等特级标准。

**6．电视公用信号制作分工与要求**

（1）视频方面：所用镜头、机位、摄像机拍摄角度、是否需要特殊设备（摇臂、高速、微型等）。

（2）音频方面：对讲、耳机、话筒等音频采集设备，何时采集、应用。音频采集含运动员、教练员、观众的现场声及其他现场同期声、解说员国际声。

（3）公用信号制作所用的转播车或导播间：录像机、监视器、切换设备硬盘、字幕系统、调音台、慢动作系统等。

（4）字幕方面：总体要求、制作要求。

（5）慢动作公用信号制作方案。

（6）信号传输。

（7）供电保障方案。

（8）通讯保障方案。

（9）安保工作方案。

（10）各岗位人员通讯录。

以上导播方案只是一个粗略的范式，不同赛事转播的导播方案可以在此基础上进行添加或删减，但较为正规的电视媒体在体育赛事转播中，一般都会事先编写这样一个导播方案。可以说，导播方案是总导播在研究赛事转播电视公用信号制作过程中，形成的对整个赛事转播事件的想象，也是其开展后续工作的良好基础。

### （二）勘察比赛现场

在总导播制定较为清晰、明确的导播方案后，应带着体育赛事转播的眼光勘察比赛现场。虽然，体育赛事转播的导播有可能对体育赛事转播的流程非常熟悉，但每次所转播的项目、场地条件可能有所不同，所以，比赛现场的场面规模与调度、使用的特殊技术设备、机位设置都可能有新的变化，故而需要实地考察。勘察时，总导播应率领音视频技术、摄像、转播技术等相关工种技术人员共同勘查，充分考虑转播传输、机位设置、电力保障等技术问题。这样才能做到心中有数，在转播开始前将一切隐患掌控在手，并针对这些隐患制定好应急预案。

### （三）制定相关技术清单

当总导播勘查完比赛现场之后，就可以根据导播方案和勘查结果制定赛事转播相关技术清单。由于清单内容涉及非常具体的专业技术，所以各技术部门，如音频、视频、传送、摄像等部门要在总导播的督促下齐心协力完成好这一工作，并将相关技术清单形成文案。从下面的技术清单中就能看出，进行一场篮球比赛仅摄像系统就需要预先制定如此详细的技术清单（表3-2）。

表3-2　2004年雅典奥运会男子篮球决赛摄像系统技术清单

| 机位序号 | 类型 | 镜头 | 支架 | 位置 | 拍摄范围 |
|---|---|---|---|---|---|
| 1 | 大型 | 66×9.5 | 大型三脚架 | 球场中线，高机位 | 主机位镜头 |
| 2 | 大型 | 66×9.5 | 大型三脚架 | 球场中线，高机位 | 动作近景和分解 |
| 3 | 高速 | 20倍镜头 | 便携 | 边线，中场附近 | 低角度动作 |
| 4 | 便携 | 20倍镜头 | 基架 | 边线，中场附近 | 动作近景 |

（续表）

| 机位序号 | 类型 | 镜头 | 支架 | 位置 | 拍摄范围 |
|---|---|---|---|---|---|
| 5 | 便携 | 20 倍镜头 | LW 三脚架 | 左侧底线后 | 动作近景 |
| 6 | 便携 | 20 倍镜头 | LW 三脚架 | 右侧底线后 | 动作近景 |
| 7 | 便携 | 20 倍镜头 | LW 三脚架 | 反角度，中场附近，边线 | 替补席、花絮 |
| 8 | 大型 | 66×9.5 | 大型三脚架 | 场馆左侧看台 | 大全景，近景 |
| 9 | 大型 | 66×9.5 | 大型三脚架 | 场馆左侧看台 | 大全景，近景 |
| 10 | POV | 18×8.5 | 6 米摇臂 | 中场上空 | 动作和观众 |
| 11 | POV | 6×8 | 遥控 | 左侧篮板上 | 分解 |
| 12 | POV | 6×8 | 遥控 | 右侧篮板上 | 分解 |
| 13 | 摇臂 | 20 倍镜头 | 摇臂 | 球场左侧角 | 观众、动作 |
| 14 | 大型 | 66×9.5 | 大型三脚架 | 反角度 | 颁奖仪式 |
| 15 | 大型 | 66×9.5 | 大型三脚架 | 反角度 | 颁奖仪式 |

这一环节看似繁杂，但却是保证赛事转播顺利进行的技术基础，也是保证后续工作有序进行的必要条件。导播只有在转播之前做好充分的技术准备，才能对整个转播工作有一个完整的掌控，顺利地完成赛事转播任务。

### （四）检查各技术工种的准备工作

体育赛事转播的工种繁多，故而导播必须预先过问各个相关技术工种的准备情况，如比赛现场的拾音与拾音话筒的架设、摄像机及其特殊辅助设备（摇臂、斯坦尼康等）的准备、转播信号传送方案的落实、有关背景资料片的拍摄或编辑制作进度、相关图文字幕的设计、制作与检查等。导播应该随时掌握各个工种前期准备工作的进展情况，并对随时可能出现的意外状况有所准备。比赛转播的当天，导播应制定一个当天赛事转播倒计时表并知会转播团队成员，严格规定距转播还有多长时间时，哪个工种岗位必须彻底准备就绪。以下为一场乒乓球赛事转播的工作流程表。

## 1. 转播前的准备工作

表3-3  转播前准备工作流程

| 倒计时 | 时间长度 | 转播各岗位准备工作 |
|---|---|---|
| −2:00:00 | 60:00 | 转播车、各机位摄像机到位，以及音频、视频、电源电缆联通 |
| −1:00:00 | 05:00 | 各机位摄像机调试。传送画面为彩条 |
| −55:00 | 10:00 | 第一组现场报道（单边注入报道）预演 |
| −45:00 | 05:00 | 传送画面为彩条 |
| −40:00 | 10:00 | 第二组现场报道（单边注入报道）预演 |
| −30:00 | 05:00 | 传送画面为彩条 |
| −25:00 | 10:00 | 第三组现场报道（单边注入报道）预演 |
| −15:00 | 09:30 | 场地全景 |
| −5:30 | 00:30 | 倒计时（开始视频国际信号） |
| −5:00 | | 片头动画 |

## 2. 国际信号开始后至比赛正式开始

表3-4  国际信号开始后至比赛正式开始时工作流程

| 倒计时 | 时间长度 | 画面 |
|---|---|---|
| −5:00 | 00:40 | 开场片头动画 |
| −04:20 | 00:20 | 场地全景附上赛事名称字幕 |
| −04:00 | 00:30 | 观众图像 |
| −03:30 | 00:30 | 场地全景附上赛事日程表 |
| −03:00 | 00:30 | 观众图像 |
| −02:30 | 00:30 | 观众席和场地全景 |
| −02:00 | 00:30 | 介绍一方运动员 |
| −01:30 | 00:30 | 介绍另一方运动员 |
| −00:30 | 00:30 | 场地全景 |
| −00:00 | 00:30 | 比赛开始 |

### 3. 比赛结束至国际信号终止

表3-5 比赛结束至国际信号终止时工作流程

| 倒计时 | 时间长度 | 画面 |
|---|---|---|
| 00:00 | 01:00 | 场地全景附上比赛结果 |
| 01:00 | 00:30 | 场地全景 |
| 01:30 | 00:30 | 赛事集锦回放 |
| 02:00 | 00:30 | 场地全景 |
| 02:30 | 00:30 | 该赛事版权片尾动画 |

以上工作流程结束后，在15秒钟黑场之后应附上下一场赛事的时间表。在整个赛事转播过程中，解说员的画面信息应在比赛开始前、结束后插入，同时插入比赛重放和相关图解，最后是预定的赛后单边采访，本场比赛的国际电视公用信号传送就此结束。制定一个较为详细的导播方案和工作流程表，既有利于赛事转播团队各岗位工作人员掌握时间，也有利于导播合理分配时间和精力去检查、验收各岗位的工作，否则，整个转播活动就有可能陷入混乱。

### （五）组织、安排转播前的演练

体育赛事转播是一项复杂的系统工程，各工作岗位人员与导播的配合非常重要，如果彼此之间没有较为默契的配合，整个转播就很难顺利进行。因此，在转播前的准备阶段必须严格依照导播方案和工作流程表进行演练。一般来讲，在演练时总导播要检查相关工作人员对其所提供的导播方案的理解与落实程度；各工作岗位人员是否落实并到位；导播方案和工作流程表有无尚待改进之处；整个赛事转播所用的相关设备是否处于良好工作状态；是否能达到体育赛事电视公用信号制作的有关技术指标等。这种演练的精细与复杂程度视所要转播的体育赛事的级别而定，级别越高，其转播前的演练越为精细、复杂。例如，在奥运会电视公用信号制作开始前，总导播应事先与国际奥委会电视委员会和赛事组委会联系，了解国际奥委会电视委员会和赛事组委会对此项赛事电视公用信号制作的相关要求与规则，诸如比赛场地的光线（照度）要求、采用哪种传输方式、需要多少讯道的转播车、机位如何设置，需要哪些特殊的视频和音频设备及这些设备的相关技术指标、需要何种转播制作团队、导播团队的人数与相关技能要求、摄像师的人数与相关技能要求以及对整个赛事电视公用信号制作流程的相关要求等。不同类型和级别的赛事，其电视公用信号制作也有不同的要求与规则。例如，NBA的电视公用信号制作强调赛事的趣味性，要求体现球员的个性风采，所以，在转播中应用讲故事的手法设置开头、高潮和结尾，让观众随着"篮球大戏"剧情的跌宕起伏而得到充分的视听享受。作为整个体育赛事转播中枢的总导播，必须深刻理解不同级别、类型体育赛事电视公用信号制作的要求与规则，才能在转播前的演练和正式转播中按照相关要求与规则行事，提供合格的、标准化的赛事公用信号。

通常情况下，在正式转播之前赛事组委会都会提供转播演练的时间安排，总导播应利用这个机会率领转播团队并携带转播设备，到比赛现场进行赛事转播的实地演练。这对于对赛事电视公用信号制作的要求与规则的国际大型体育赛事转播尤为必要，演练实际上就是各岗位工种对转播对象——体育赛事的熟悉过程和各岗位工种人员、技术的磨合过程。演练除了要完成磨合之外，还应该发现问题和隐患。总导播应督促各工种负责人对本次赛事电视公用信号制作提出自己的建议与设想，如有可能应与比赛场馆负责人进行沟通、协调，如电源保障、机位架设特别是工程量较大的特殊机位的架设、灯光的增补、电缆铺设、摄像机与现场拾音话筒的安全等。只有将可能出现的问题和隐患加以充分考虑，并制定出相应的应急预案，演练才能达到预期目的。演练中需要检测的项目包括切换台、硬盘记录处于工作就绪状态、磁带重放、确认磁带记录正确的入点、视频切换、节目记录时钟准确输出、控制室、脚本准备就绪、演播室、设备道具就位、文本说明就绪、计时钟正确工作、确认细节正确、切换显示灯、视频磁带记录。

演练时应该用转播车上的收录系统将切换台的切出信号收录下来，便于在演练后对照、总结，找出演练中的失误，提出解决方案，改进应急预案，并对导播方案进行调整和改进。实际上，演练的目的就是使导播团队、各个工种岗位及录制技术系统在短时间内完成对体育赛事进行直播的准备。

## （六）直　播

直播是共时空呈现体育赛事全貌的手段和方式。在体育赛事直播中，导播团队所承受的压力与肩负的责任是一般体育电视录播节目无法比拟的，因为导播团队及其操控下的各岗位人员操作成功与否将直接关系到整个赛事直播的成败，其任何失误都是无法弥补的。导播团队尤其是总导播是整个直播的中心和"神经中枢"，它决定着观众看到的每个画面、决定着所有赛前演练无法覆盖的临场意外情况的应急处理。体育赛事直播的导播工作恰恰就是因为这种"可以准备却不可预知效果"的特性而充满了挑战的刺激性。在赛事直播的当天，整个赛事转播团队的工作步骤严格依照以总导播为首的导播团队所制定的直播工作流程表进行。导播团队应根据所直播赛事的级别和复杂程度决定到达比赛转播现场的时间。一般来讲，赛事级别越高电视公用信号制作规则与要求就越复杂，导播就要极早来到比赛转播现场，以便为自己留出充分的时间完成对各工种岗位的检查、布置，以及对转播各技术系统的调试与检测。临近直播开始时，导播尤其是切换导播应提前至少 15 分钟坐到转播车的切换台前，平静一下心情、熟悉一下切换台、翻阅工作流程串联单、与控制室中的人员交流沟通等。导播在赛事直播前应离开嘈杂的比赛现场，这有助于集中保持注意力，使自己的心情尽快恢复平静，保持良好的"战前"工作状态。

赛事直播开始后，导播在做好画面切换工作之外，还应合理分配精力去关注、调度、调整各工作岗位的操作，及时发现直播中出现的问题，并通过应急预案或灵活的手段化解这些问题。所以，导播必须在比赛直播期间全神贯注，心无旁骛，在切换画面的同时还应做到随时掌握比赛现场、视频采集、音频采集、字幕、广告、背景资料片准备情况、信号传送的运行状况，心里应该有直播出现各种意外的心理准备以及应对之策。体育赛事直播这样复杂的系统工程，即使准备得再充分，也难保不出现意外，关键是出现意外之后，导播应该冷静而快速地处理，所以，导播必须具有丰富的赛事直播经验和临危不乱的过硬心理素质，才能使种种意外消弭于无形。虽说导播就是整个赛事直播的神经中枢和总指挥，但一场赛事直播的成功却是整个赛事转播团队的共同努力分不开的，没有团队各个岗位的通力合作，就不可能有体育赛事直播的圆满成功。一个成熟的体育赛事转播团队中的每个成员之间的关系实际上是互相依存的并建立在互信基础上的，缺一不可。所以，在转播成功结束后，导播团队特别是总导播应该真诚地感谢转播团队的所有工作人员，使他们产生归属感，增添继续做好赛事直播工作的动力。很多体育赛事在直播结束后，还要重播，导播还应参与重播带的后期编辑工作。因为导播是最熟悉赛事直播过程的人，他能对如何更准确地修补直播时的漏洞向有关节目编辑提供最直接的意见，会同节目编辑、音乐编辑、字幕员及其他后期制作人员一起投入重播带的编辑工作。有些导播本身就是经验丰富的电视编辑，也可以亲自操刀，编辑重播带，以节省时间及人力。

## 二、体育赛事导播的切换原则

导播特别是切换导播最核心的工作任务就是对多讯道画面进行切换。切换导播在切换时为了体育赛事直播节目的结构和意义，要像写作文一样考虑如何分句、分段，只不过他面对的不是文章，而是借助摄像机所拍的画面。对于所切换画面的主体、角度和出现的时间等，切换导播必须有自己的解释，这样才能使观众的兴奋点随着比赛精彩场面的不断变化而起伏有致。在体育赛事直播中，切换导播应遵循以下原则进行画面切换。

### （一）坚持客观、公正、公平的原则

切换导播在画面切换时必须坚持客观、公正、公平的原则。在切换时，主队与客队应该享受同等待遇，不能带有明显的倾向性，如客队犯规就连续放慢镜，而主队犯规就省略等，这样只会引起观众的反感。奥林匹克精神是重在参与，那么赛事导播就应该通过电视镜头将这种精神体现出来，而不是厚此薄彼。在进行国际重大体育赛事的电视公用信号制作时特别要注意秉持这一点，在参赛各方的镜头数量和长度，以及景别大小、拍摄角度和切换画面的表现力等方面都应做到公平、公正。切换导播不能因为国别、民族、文化背景、政治制度、意识形态、宗教信仰的不同而区别对待各方参赛运动员。

一般来讲，国际知名赛事的组织者都对赛事电视公用信号的制作有明确的规定，例如，2004年雅典奥运会电视委员会明确要求公平、公正、无偏见地表现参赛各方；镜头使用和分配的时间要平等；奥运会的舞台是为所有运动员搭建的；对于成绩一般的运动员在画面表现力上也要适当照顾。切换导播在切换画面时，除了要坚持公正、公平原则之外，还应兼顾胜者优先原则。例如，田径竞赛项目中的冲刺镜头是田径比赛实况转播的关键，此时大倍率镜头大显身手，对领先选手给予特写；当齐头并进时，则重点拍摄最快的几个赛道，一般不超过四道，画面真正做到干净、简洁，使领先运动员在画面中非常突出。同时，切换导播也应具有一定的戏剧审美素质，方能在切换中信手拈来，流畅的用一组组镜头来讲述一个个体育故事。

### （二）遵循镜头语言的规律

观众在观看体育赛事直播节目时，主要关注的是画面，即比赛的进程和细

节，而不是比赛的同期声。所以切换导播应该善于与现场导播、摄像师密切配合及时捕捉比赛中的精彩细节，并力争在第一时间呈现给观众。例如，2008 年北京奥运会男子百米飞人大战，当镜头随着现场播音员的介绍——扫过参加决赛的 8 名选手后，即把镜头对准了两位金牌的有力争夺者：牙买加名将博尔特与特立尼达和多巴哥选手汤普森，此时采用大倍率镜头的摄像机以特写突出反映两者的面部表情以及腿部紧绷的肌肉、微颤的手指、微微起伏的胸部、高科技的跑鞋，当比赛结束后，又应用特技将两位选手起跑、途中跑、冲刺的过程置于同一画面中进行比较，给观众留下了极深刻的印象。在体育转播中，切换导播特别要注意轴向问题，尤其是在田径场和体操馆，由于项目多、摄像机多，而机位又受到各种限制，更要多加小心。对由于条件限制不得已反方向架设的机位，其镜头的切换要分开处理，用中性镜头过渡回正常方向的镜头。所谓中性镜头，即纵向镜头和观众反应镜头。切换导播应注意画面切换的节奏，必须根据实际情况，掌握切换节奏的舒缓、快慢。在保持比赛连贯性的基础上，适当插入一些短的特写镜头，有助于加快视觉的节奏。有些比赛是根据动作的变化来切换的，例如，体操运动员的亮相、助跑上器械、跟头或转体、静止用力动作，以及下法或落地等，一般不要在动作的中间切换，而应在动作的前后切换。在切换时，导播应清楚观众在观看该项比赛时的视觉需求，牢记观众此时对比赛的反应，使自己的画面切换随着比赛场景、情节和节奏而变化，如在田径中、短距离比赛的转播中，在画面切换时就必须保证比赛过程的连续性，特别是在冲刺时绝不可切入其他画面，否则观众会对比赛的真实性产生怀疑。而在田赛跳跃项目的转播中，则必须用一个连贯的长镜头反映助跑、起跳、腾空（过杆）、落地一系列技术动作，使镜头令人信服。

此外，在体育赛事转播过程中，常常需要适时叠加诸如犯规、换人、暂停、成绩等各种内容的字幕，此时切换导播一般应选择稳定的远景或全景画面，以保证观众既能清楚地得到有关信息又无视觉上的任何不适之感。切换导播最基本的职责就是让观众看清比赛，然后才是多角度、全方位地看好比赛，这是每一个切换导播必须牢记的。因此，在体育赛事转播中，通常都是先用全景画面把比赛交待清楚，然后在比赛暂停或节奏舒缓时再用近景、特写反映重点选手或重放慢动作画面，使观众能够从多角度观赏比赛。一名优秀的体育赛事切换导播，应该对画面切换节奏的舒缓、快慢、长短驾轻就熟，但总的原则就是要使观众看清比赛，切换频率不能过快，在保持比赛节奏的基础上，适当切入一些特写、近景画面，以及观众、教练员、替补队员等反应镜头，这有助于观众看清运动员的面部表情。必须注意的是，这种反应镜头宜在比赛一个段落结束后切换或进行慢动作重放，切不可因为反应镜头的切换而影响接下来的比赛。所以，切换导播应该充分了解这些比赛项目，并且具有一定的影视美学欣赏水平。

### （三）注重人文关怀

体育赛事尤其是世界性大赛的参赛选手来自不同国家，有着不同的文化背景，他们来到赛场是为了展示各自的体育梦想与文化特征，因此，切换导播在画面切换与镜头调度上应该及时捕捉这种源于文化上的共性和差异，将这种差异性用一种友善的方式传递出去。因为有了这种差异，才会有彼此的交流、沟通与融合，体育的强大精神内涵才会得到清晰、完全地诠释，继而带给观众体育之美的愉悦和摄人心魄的震撼。例如，奥运会的转播口号是"运动与情感"。遵循这一主题，2004 年雅典奥运会的电视公用信号制作就强调在转播中要"讲故事"，体育比赛的主体是人，而人都是有美好情感的，并且常常是有故事的，那么在转播中就应努力发掘这些故事，启发观众的收视兴趣，这才契合体育的人文精神宗旨与内涵。体育赛事转播作为电视体育报道最为重要的节目形式之一，应凸显"以人为本"的服务意识和普世思想，采用全面、具体、深入、人性化的切换画面，使观众在观看比赛本身的同时收获更多高于体育比赛的真、善、美。例如，在2000 年悉尼奥运会男子 10 米移动靶决赛的转播中，我国选手杨凌获得冠军，此时，导播首先选择杨凌欢庆胜利的近景画面，接着便是情绪上反差强烈的亚军摩尔多瓦选手泪流满面的特写镜头，导播此时不光关注胜利者，还将镜头给了失利者，对后者给予了充分的人文关怀，给观众营造了一出情感大戏，同时也对观众普及了正确的体育胜负观。再如，在第 25 届奥运会中，英国选手雷德蒙德在男子 400 米半决赛时突然摔倒，但爬起来仍然坚持完成剩下的比赛。此时导播及时地切出了雷德蒙德的伤腿、额头上渗出的汗珠、拖着伤腿前进的一系列中景画面以及观众的喝彩画面。这样的画面切换，充分体现了体育运动的深刻人文内涵与重在参与、超越自身极限的人本精神。这种经过切换导播再创作的体育赛事转播节目无疑成为普及体育精神的优秀教材，在给观众传递体育运动力与美的同时也潜移默化地推广着体育人文文化。

作为一名合格体育赛事转播的切换导播，平时应仔细学习领会体育运动丰富的精神内涵，深刻理解奥林匹克参与精神的实质所在，自觉提高自己的艺术修养，只有这样才能把人文关怀自然而然地渗透到导播的画面切换与调度中去，通过对体育赛事中感人细节的捕捉来增强体育赛事转播的"故事性"，从而得到受众的认可和赞赏。

### (四) 尽量做到声画合一

在体育赛事转播过程中应尽量做到声画合一。比赛现场所采集的同期声有时比解说员的解说评论更重要，所以在比赛现场声音采集到位、配合画面较为贴切时，切换导播要适当控制解说员的解说，不能任由其滔滔不绝，如教练布置战术时，声音采集本来是清晰到位的，观众也想听听教练员的布置安排，但有时解说员却高谈阔论，让负责拾音的音频工作人员的努力付之东流。观众观看比赛除了欣赏比赛本身，还可从赛事转播中的声画结合得到美好的视听享受。因此，切换导播在画面切换时处理得当并有一定的艺术性就能带给观众视觉与听觉体验，提高其收视兴趣。切换导播应主动学习各个体育项目的特点，并积极思考如何运用画面语言来表达这些特点，还要注重提高自己的艺术修养，才能将种类繁多的体育项目完美地呈现给观众。例如，游泳比赛的特点是速度快，比赛场地限制大，对现场切换的要求是快而准；重竞技类项目中的举重、摔跤、柔道、拳击等比赛场地狭小，转播主要着眼于运动员的动作，一般以全景、中景为主；水上运动项目中的帆船、皮划艇、赛艇等距离长，一般则以跟拍和航拍镜头为主。与比赛现场的观众不同，电视机前的观众是通过电视机里的声音和画面了解比赛的，所以切换导播在切换画面时应尽量坚持声画合一的原则，而不可随意为之。

### (五) 综合运用各种技术手段增强转播的表现力

大量以电子技术为基础的高新技术的应用推动了电视的发展，而其中很多技术被应用到了体育赛事转播中，在奥运会、世界杯足球赛、NBA 的转播中尤其突出。例如，现场同期声对于体育赛事转播极为重要，它可以使观众在收看比赛转播画面的同时，充分感受比赛现场的热烈气氛，为了保证现场同期声的丰富与层次，在赛事转播中，导播会在赛场内多处设置各种拾音话筒，多点采集比赛现场同期声，并实时调整各路音效配比，控制整个转播的音频效果。字幕对于体育赛事转播也是不可或缺的，在体育赛事转播节目发展的初期，转播中所需的有关字幕是依靠字幕机来完成的，随着电子技术的发展，实时字幕系统如可以跟踪记录、实时数据统计处理的字幕系统已大量出现在转播中，在跳远等项目中，该系统已能在第一时间提供运动员跑动的数据字幕，这些关键数据能引导观众用专业的眼光理性地审视比赛。而在体育赛事转播中的在线图文包装系统中，除了要必备上述字幕系统之外，近年来以虚拟现实技术为重要技术基础的虚拟体育分析系统大行其道，该系统功能强大，可以用动画图形覆盖层突出显示运动员所采用的技战术、移动方向、路线等，并跟踪及定位运动员，增强显示（圈点加亮）运动员，并随之移动；也可对球移动的速度、方向、实际轨迹线路等进行实时统计显示，且能实时测量和显示场地中任意两点的距离。有了虚拟现实技术的强大技术支持，体育赛事直播的导播就可以切换出观众喜欢的任何镜头和细节，然后进行虚拟信息的加载，通过虚拟信息分析系统对所直播的体育比赛的技战术进行深入分析，它能够将各种统计信息通过终端很精确的"数字化"出来。高速摄像机、微型摄像机、水下摄像机等特种摄录设备的问世和使用，极大地丰富了观众观看比赛的视角，使体育赛事电视转播的画面信息更加丰富生动，更具表现力，从而带给观众极富冲击力的视听体验。在转播车上装配的硬盘录像机利用比赛现场的高速摄像机，使切换导播能在第一时间为观众提供最精彩、及时的慢动作回放画面，更为生动地刻画比赛，使画质更为清晰、精美。实际上，慢动作回放不仅是对赛场信息的答疑解惑，还可突出赛事的主题性与故事性。以上这些新技术在体育赛事转播中的大量应用，极大地丰富了体育赛事转播的视听传播元素，切换导播只有充分了解这些新技术的特性与作用，才能在转播过程中综合运用，为观众提供更为有效、全面、准确、精美的赛场信息，使体育赛事直播节目更具观赏性。

# 第四节　导播调度下的转播摄像师

电视艺术是建立在一系列流动的、有组织的图像上的，这些连续画面的构成便是来自导播意念的分镜头组合。在强调电视节目是一种综合艺术、电视节目是整个制作团队技术与智慧的结晶时，导播就是整个节目制作的核心与灵魂，他综合灯光、布景、音效、美工、演出等元素，运用摄像取景与画面的选择，不仅要明确提供观众了解画面所呈现的内容，还要使其蕴含艺术性。导播要完成这些工作任务需要整个团队的配合，其中重要的一环就是摄像师的配合。电视摄像不仅为我们提供了新的信息，还带我们看到了一些早已熟悉却不常注意的世界；透过镜头不仅诠释了各种生活层面的意义，还进一步将节目与观众双方的思想与情感合而为一。导播运用声音与画面的特质来表达其思想，所运用的直接工具就是摄像。因此，在电视节目的制作中，导播与摄像有着不可分割的联系，就像画笔之于画家、乐器之于音乐家，一个是构思操作的主体，另一个是表现的工具。所不同的是电视摄像的运作，需要借助一个具有思考能力的媒介——摄像师。虽然就单一画面来讲意义不大，但导播可以运用镜头的变化与画面剪辑的技巧，强调某些特定的内容或融合音乐、音响、灯光、角度等以显示其某些创作意图。摄像师的职责就是要协助导播，通过镜头来表达导播的意图、情绪与思想。对电视观众而言，摄像机就像眼睛，必须随时拍摄想看到的镜头，而导播则是一个指挥员，必须有效地指引观众从多角度、多方位观看节目。导播不仅要展示画面，还要解释画面；不仅要选择画面，还应在此基础上有所创造。一个没有精神内涵与艺术创造力的导播只是一个懂得操作切换台的工匠，同样，一个没有思考力与判断力的摄像师，如不能与导播密切配合，也只能是一台会动的机器罢了。镜头语言能够引起观众的思考，导播和摄像师的最基本职责就在于使节目的主题、理念、特色更加鲜明连贯，即通过镜头的运作使观众获得视听享受。

## 一、摄像师所应具备的能力

在体育赛事转播开始后，摄像师操纵摄像机为导播提供赛事的相关画面。由于体育赛事转播都是现场制作，与进行中的赛事同时并进，因此这就给摄像师提出了很高的要求，即摄像师的所有操作都是即兴的，他必须有能力对赛场上种种场景进行及时捕捉。比赛现场的优美动作和戏剧场面稍纵即逝，很容易失去捕捉机会，而在赛事直播中，摄像师的任何一个失误或欠缺是无法弥补的。摄像师作为转播画面的提供者，在转播过程中应服从导播的调度指挥，为导播提供符合要求的画面。体育赛事转播的电视公用信号制作是由导播和摄像师共同完成的，两者都需要对电视公用信号制作中的摄像工作有全面、正确的认识。体育赛事转播的电视公用信号制作中的摄像工作属于户外多机拍摄，在转播过程中，参与转播的摄像师从各自不同的机位，采用不同的角度、景别和拍摄方式，为导播提供连续、有效的画面信号。导播则根据需要选择相应的画面作为切出画面呈现给观众。体育赛事转播电视公用信号制作中的摄像工作中最重要的工作就是要给导播提供其所需的画面，所以摄像师必须完全地、不折不扣地服从导播的指挥、调度，直接对导播负责。特别是在世界大型体育赛事的电视公用信号制作时，更是要求摄像师必须公平、公正地拍摄比赛及参赛各方运动员，以高质量的信号表现赛事的全部进程。这就从制作原则、标准上对导播和摄像团队，以及双方的配合提出了更高的要求。例如，在《2004雅典奥运会电视转播手册》中明确规定，奥运会的电视公用信号制作应达到公正、公平、高质量等要求。该手册将摄像师归入技术人员一类，强调摄像师操作摄像机的技术性。同时，对拍摄技能的要求也比较高，并明确规定摄像师必须按照导播的要求进行拍摄。这种对画面高质量的要求，实际上对参与电视公用信号制作中的摄像师提出了更高的要求。

### （一）熟练操控摄像机

在体育赛事转播过程中，所有摄像机技术方面的调节，如调节白平衡、光圈等都不需要摄像师亲自动手，这些都由导播在转播车上通过相关设备调节。体育赛事转播所用的 EFP 摄像机通常包括摄像机和三脚架两部分，摄像师的操作自然就包括这两部分的操作。在赛事转播中，使用 EFP 摄像机拍摄时运用最多的是变换镜头焦距和对处于运动状态的运动员等进行准确快速聚焦。变换焦距可以产生推拉的镜头效果和改变景别，而准确地聚焦则是对摄像师拍摄每一个镜头的最基本要求。分别安装于三脚架左、右手柄上的聚焦控制器（聚焦有线遥控系统）和变焦控制器（变焦有线遥控系统）直接控制摄像机镜头的聚焦和推、拉，摄像师必须非常熟练地掌握这些操作。聚焦控制器的转动方向和变焦控制器的拨动方向要认真体会、区别，其困难之处往往在于摄像师常常需要在拍摄过程中去适时调节。如拍摄运动状态下的运动员，摄像师按照导播的指令将镜头从全景推成近景，那么镜头在推的过程中，为了保证画面一直处于清晰状态，就需要"跟焦"，即随着与上推镜头上推的速度相应的连续调节焦距，使变焦与聚焦的变化速度相吻合。如果聚焦控制器转动方向发生错误，或变焦与聚焦的变化速度不吻合，那么所拍画面就会越来越模糊，无法为导播提供合格的画面。"跟焦"水平如何，是衡量摄像师水平高低的重要标准之一。

在体育赛事转播过程中，除了少量游机之外，其他机位的摄像机都配有三脚架，摄像师可以借助三脚架完成摇摄、仰摄、俯摄、移摄等拍摄动作，此时，摄像师的操作主要通过双臂（手持固定于三脚架上的手柄）和双手（控制变焦与聚焦）来完成。有些特殊的机位，如足球比赛角旗附近的机位则是游机，这时摄像师需要使用斯坦尼康摄像机进行拍摄，为观众营造一个特殊视角和极强的现场感。体育赛事转播中所使用的摄像机种类繁多，且时常升级换代，摄像师只有不断学习，并在实战中锻炼自己，才能成为一名合格的体育赛事摄像师。

### （二）画面构图合理

导播与摄像师在体育赛事转播中分工明确，摄像师负责摄取比赛现场的画面，导播则从中选择合适的画面切换播出。一旦转播开始，摄像师必须在拍摄完一个镜头之后，迅速完成下一个镜头的构图和调焦工作。由于体育赛事转播所反映的绝大多数都是处于运动状态的运动员或运动器材，所以摄像师应始终将镜头对准拍摄对象，聚焦并使其处于画面中的最佳位置。所谓最佳位置，即拍摄主体在画面中最好的比例、角度和位置。在拍摄中，摄像师一定要遵循鼻前空间（图3-3）、朝向空间（图3-4）等体育赛事摄像的基本构图原则，才能使画面构图合理。体育赛事转播的摄像师要具有赛事转播所应具备的高超技巧与能力，不可能一蹴而就，需要付出艰苦的努力。首先，摄像师要利用一切实战演练的机会提高自己熟练操控摄像机和合理构图的能力。其次，作为一个体育赛事转播的摄像师应仔细观察了解各个体育项目的特点与规则，对这些比赛的过程与程序有通盘理解。再有，摄像师应经常观摩国际体育电视传播大鳄，如 NBC、CBS、ESPN等的体育赛事转播节目，取长补短，更好地充实自己。当然，吃苦耐劳，敬岗爱业也是体育摄像师必备的重要条件之一。

图3-3 鼻前空间

图3-4 朝向空间

## 二、体育赛事摄像的工作特点

在体育赛事转播的电视公用信号制作中，技术保障固然重要，但整个转播团队的制作理念、配合意识才是转播最后成功之关键，即"人"的因素才是决定性因素。在进行体育赛事转播时，摄像师的拍摄方式与内容直接决定了体育赛事摄像具有以下工作特点。

### （一）充分了解体育项目

任何摄像师在拍摄之前都应了解自己所要拍摄的内容和对象，并熟知体育比赛规则，对此摄像师就要认真学习体育比赛规则，以及体育运动发展史和运动规律，只有这样才能在体育比赛中抓拍到令人激动的场景和画面。体育比赛有其独特的魅力，摄像师的职责就是抓拍或者是挖掘出比赛魅力之精髓，令人赏心悦目，永存心中。各个体育项目有其不同的规则和要求，摄像师就要下工夫，去了解和掌握这些项目的规则和要求，这会使摄像工作轻松自如，游刃有余。摄像师除了掌握所要拍摄体育项目的比赛规则外，还必须熟悉和了解这个项目的技术特点，知道在何种角度和位置才能拍摄出最佳的图像和画面。体育比赛的专业性很强，摄像师如果不了解有关专业内容，就不能理解赛场上发生的种种情况，如运动员和教练员的手势、裁判员的判罚，以及解说员、导播所使用的各种体育专业术语等，也就无法用画面充分展示这项运动的力与美，不能准确、全面地表现整个比赛。体育赛事转播应该根据各个体育项目的特点来确定转播方案，并在正确的转播方案的指引下，充分地展现各个体育项目的特点和参赛运动员的动人风采。近年来，很多国际性体育赛事组委会都在其电视转播手册中对这些运动的突出特点、机位设置、慢动作回放等有明确的规定。如在《2000年悉尼奥运会电视转播手册》中，对篮球运动进行了如下描述：“篮球是一项体现横向速度和纵向跳跃的运动。”

许多体育项目的比赛都有较为明显的程序性，从由攻转守或由守转攻，从得分到犯规等，都是一个小段落的结束，所以要用镜头交待清楚每个攻防回合的战略与战术。球类项目转播必须理解“动中求静，静中求动”的辩证道理。大球项目的特点是场地大，参赛人员多，讲究整体配合，这就要求电视转播要充分反映队伍整体配合和战术运用，这个任务一般用全景来完成。例如，如果是对比性很强的田径径赛或游泳项目，就需重点反映参赛选手个人的动作、情绪，而对比性较弱的体操、跳水等则应强调动作细节，着重表现运动员动作的力度、优美。小球项目的转播相对容易，如乒乓球、羽毛球、网球、台球等，主要以固定全景为主，突出球路快速多变，运动节奏丰富的特点，也便于抓住比赛的精彩场面。转播中除提供给观众一般性画面之外，还要尽可能多地提供一些富有表现力的镜头。摄像师还应熟知参赛运动员特别是明星球员的技术特点和庆祝动作等，这样才可捕捉到稍纵即逝的动人细节，为整个转播锦上添花。

### （二）服从指挥

摄像师在体育赛事转播中承担着为导播提供画面的重要任务，因此需要随时听从导播的调度指挥，积极帮助导播实现其创作意图。如果摄像师不服从导播的调度，导播有权随时撤换摄像师。导播在设置完转播所需的各个机位之后，就会会同制片人落实各个机位的摄像师人选，然后对每个机位的摄像师提出详尽的技术要求，如主要拍摄内容、所用景别、遇有突发情况的处理方法等等。摄像师应严格依照导播的要求进行拍摄，否则就会给导播的切换工作带来麻烦，也会给其他机位的摄像师造成工作上的混乱。由于不同机位摄像师的工作能力和特点不同，因此，导播在安排机位时会根据摄像师的能力与特点进行安排岗位。摄像师在完成赛前导播规定的拍摄任务之外，还应充当导播的"眼睛"，发挥主观能动性，通过对讲系统积极为导播提供有用信息。一个优秀而富有经验的体育赛事摄像师就应该具备这样的责任感与敏感性，这样才能使整个转播团队的产品——体育赛事转播电视公用信号的质量更上一层楼。

### （三）岗位相对固定

体育项目的专业性和体育赛事转播电视公用信号的制作特点，决定了体育赛事转播行业需要专业技能极强的摄像师。能在激烈的比赛中及时捕捉到运动员的近景或特写绝非易事，这需要长期的训练和实战演练方可做到。体育电视摄像师除专业基本功必须扎实外，还应是一位体育爱好者，拥有较丰富的体育知识，并且长期在某个体育项目电视转播的某个固定机位上拍摄，具有非常丰富的拍摄经验。一般情况下，导播根据摄像师的特点与能力进行机位分工，将责任心强、技术成熟、性格沉稳的摄像师安排在主机位上；将年富力强、长于近景拍摄的摄像师布置在近景机位；把新手安排在景别比较大、拍摄任务相对简单的机位。在转播中，体育摄像师的工作岗位相对固定，这对于整个赛事转播的团队配合与工作效果有益。首先，长期在一个固定机位上拍摄可以使其熟能生巧，逐步领会该机位的拍摄技巧与规律，在这种情形下，即使新手也会较快的成熟起来。其次，通过在固定机位上长期与导播合作，摄像师能够非常了解导播的创作意图、习惯、风格，为导播提供具有一定艺术美感的便于切换的画面。再有，这种长期的固定工作岗位，有利于摄像师深刻理解体育项目的规则与特点，并将其融入自己的拍摄实践中，带给观众美好的、有冲击力的视觉享受。各个机位的摄像师通过长期的合作、配合、交流，可以形成良好的默契与团队精神，共同提高拍摄技能，从而提升整个转播摄像团队的技术水平。

### （四）分工合作

体育赛事转播是一种社会化大生产，它的最后产品就是体育赛事的电视公用信号。既然是社会化大生产，就应该分工明确，而在转播中由于是多机位拍摄，承担视频画面采集任务的各机位摄像师就有了分工合作。导播对每个机位的摄像师在拍摄内容、景别、角度、构图上都有明确的要求，为了多层次、全面地反映赛事全貌，即使安排在赛场同一位置并且性能相同的摄像机，其任务分工也有所不同。例如，在篮球比赛中，很多导播都会选择在主机位旁安排一个或多个摄像机来拍摄比赛近景，主机位和这些近景机位都使用大型三脚架摄像机配备高倍率镜头，架设在正对球场中线的观众席较高的位置。此时主机位的任务是拍摄比赛小全景，而近景机位则始终负责比赛近景，跟踪控球队员或得分球员等，这些机位的画面必须有区别。可以说，摄像人员的工作既是一个有机的整体，又分工不同。在一个大致的工作范围内，各台摄像机尤其是游动机位要随时应付场上的各种情况。例如，当转播篮、排、足等球类项目时，机位的设置分工既要兼顾发球、运球、战术配合、进球得分的每个过程，又要在球进篮、射门、落地等关键场景设多个机位将这一瞬间记录下来，并通过镜头处理、慢动作、多角度重放等技术让观众看得更清楚、更明白。

由于体育比赛的不可预测性，所以比赛转播期间就可能出现种种意外情况。当出现意外情况时，各机位摄像师应该坚持按照导播在比赛开始前对各机位的有关要求进行拍摄，而不能自作主张、自行其是。导播如有需要自然会调整有关机位摄像机的拍摄内容和景别。在许多世界大型赛事的转播中，组委会电视委员会都有对赛场意外情况的处理原则。例如，在《2004 年雅典奥运会电视转播手册》中，对重大意外事件的处理方式是这样规定的，即"比赛当中发生重大意外事件时，一般情况下先使用全景镜头，待事件逐渐明晰之后，在使用较小景别的镜头。近景镜头可以作为单独信号使用，但是不作播出"。这种对赛场重大意外事件的处理方式，对转播各机位摄像师具有普遍的指导意义。各机位摄像必须明白，在赛事转播过程中，每个机位所摄取的画面只是供导播选择的后备画面，各讯道画面的视觉效果不是孤立的，而是全局的一部分，观众所关注的是导播经选择切出的画面，这个画面是出自水平和风格一致，以及配合默契的赛事转播摄像团队，而不是某一个摄像师。摄像师要理解导播的拍摄意图，牢记不同机位所记录的都是从某个角度所看到的比赛全貌或局部，是整体与细节互为补充、对应递进的关系，而这种关系常常体现在主机位和各个近景机位之间。如果我们把一场体育比赛比作一场戏剧，那么，主机位就是以全景来反映舞台的全貌，而各个近景机位则是重点反映演员们——运动员、裁判员、教练员、现场观众丰富的面部表情和形体动作，这样才能使整个转播具有感染力与表现力。作为一个合格的体育赛事摄像师不仅要清楚自己的拍摄任务，而且还要了解其他摄像师的任务，这样才能互相补充，形成默契。体育赛事转播多机拍摄的方式要求参与其中的摄像师必须具有团队合作精神，这样才能提升整个摄像团队的拍摄水平及其成员的集体荣誉感和归属感，一个缺乏团队合作意识、良好沟通能力的摄像师是很难成为一名优秀的体育摄像师的。

### （五）提供连续有效的画面

体育赛事转播的关键是摄像师与导播的配合。各个机位的摄像师在转播中应处于连续的工作状态，亦即导播切到自己所拍摄的画面时，要保持住画面的稳定、有效，而导播从该机位切走画面之后，摄像师立即就应该为下一个镜头做准备。一些导播没有作为现场镜头切除的画面，同样应该做到这一点，因为导播会用这些机位的画面做慢动作重放。随着大量高新技术在体育赛事转播中的不断应用，转播车上的慢动作系统愈发先进，已能够连接越来越多的讯道，这就要求所有连接慢动作系统的机位在转播中都要提供连续有效的画面，以备导播进行慢动作重放使用。各机位摄像师应尽全力为导播提供连续有效的画面，以便其能够较方便地了解比赛现场的一切情况。观众在观看体育赛事转播时，首先是要及时看到赛场的各种信息，所以，摄像师要与导播密切配合，使观众在转播中看到比赛的关键信息。赛场上的情况千变万化、稍纵即逝，摄像师在整个转播过程中就必须注意力高度集中、手疾眼快，因为一旦错过拍摄时机则无法弥补。只要在第一时间用摄像机清楚地记录下比赛信息，构图基本合理，摄像师就算拍摄成功了，就为导播提供了有用的画面，这种画面就是"有效的"。

在转播过程中，体育赛事的导播及其从事的工作，对整个体育赛事转播活动起着极为关键的核心作用，转播团队的各岗位工作人员只有严格执行导播的指令，完成好导播交待的各项工作任务，才能确保转播圆满成功。

### 思考题

1. 体育赛事转播导播的工作内容有哪些？
2. 体育赛事转播导播的切换原则有哪些？
3. 怎样成为一名合格的体育赛事转播的导播？

# 第四章　电视转播车

【本章提要】电视转播车是进行体育赛事现场转播不可缺少的技术设备。电视转播车是集现场转播、直播、录制、扩声、传送、发射于一体的现代化高技术广播电视特种车。

在体育赛事的电视公用信号制作中，最重要、最特殊、最不可缺少的技术设备就是转播车。转播车是一种装备有电视摄像和电视发射系统的机动车辆。这些系统由多台摄像机、切换台、监视器等组成。这些设备全部装载在专门设计的车厢内，能随车开赴拍摄现场。这样，一辆转播车就是一个小电视台，它由若干台摄像机包括用于遥控、水下、无线背包、微型等特殊用途的摄像机，以及音频、视频、字幕、数字特技、慢动作、播出控制台和微波发射等系统组成，工作人员则包括导播、摄像师、录音师、工程师、灯光师、美工师和解说员等。

## 第一节　电视转播车的发展与基本原理

众所周知，现代电视节目丰富多彩，电视节目的多样性充分体现了节目制作手段的多样性，而电视节目现场制作方式就是众多的节目制作手段之一，其中，转播车和演播室是最常见的两种现场制作系统。电视转播车是集现场转播、直播、录制、扩声、传送、发射于一体的现代化高技术广播电视特种车。

### 一、电视转播车的发展

电视转播车是随着电视节目制作手段的更新应运而生的，它配备了齐全的音、视频设备，可以在游行集会、文艺演出、体育比赛等转播活动及重大突发新闻事件中发挥重要作用，是在室外进行电视转播必不可少的设备。在进行体育赛事转播时，要预先妥善地设置多台摄像机和多只话筒，以便从不同方位进行摄像和拾音，并将这些图像和声音分别转换成电信号，用电缆传输至临时开到比赛现场的转播车，将经过导播选择切换的合适图像和伴音信号，通过卫星通讯车或微波系统传回电视台，然后经过电视台对该信号进行一定的演播室包装之后最后播出。1935 年，德国生产出了 3.5 吨的梅赛德斯·奔驰电视摄

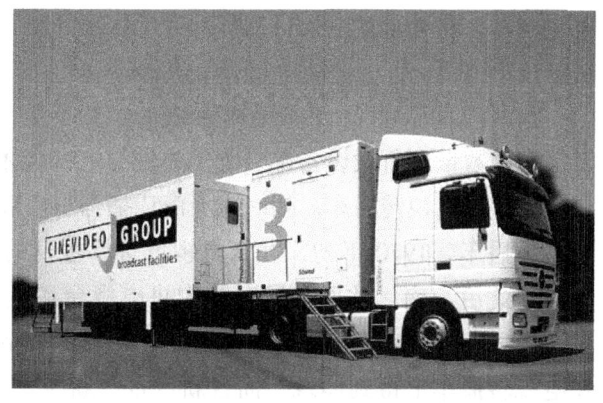

图 4-1　最新的高清转播车

像车，这也是世界上最早的电视转播车。德国国营广播公司在这辆车上装配了电视转播设备。1935 年 3 月 22 日，在柏林电视台开业仪式上，德国国营广播公司首次使用了这辆转播车。经过数十年的发展，电视转播车已从初期的模拟复合、模拟分量发展到今天的数字分量时代。如今的电视转播车集监视、录制、摄像、

音频控制于一体，并且，这类新型的电子转播设备配备了最新的高清（HD）转播技术（图 4-1）。在美国和欧洲，其电视制作已掀起了高清数字化热潮。2004 年初，欧洲开播了第一个商业运行高清电视台 Euro1080，从而揭开了欧洲高清电视广播新的一页。在高清电视开播之前，欧洲就已经形成了相当的高清制作能力和市场需求。他们在前几年逐渐形成了一定规模的高清制作公司包括阿尔法——凯姆公司，先前已经拥有了十几辆高清 / 标清转播车，进行了大量人力、物力和设备的储备。该公司最大的高清电视转播车（图 4-2）可以配备多达 30 台 LDK6000 多格式摄像机，它显然是为全世界的电视转播活动服务的——在韩国和日本转播了世界杯赛。

图 4-2　高清电视转播车

时至今日，欧美很多电视机构都拥有了数字高清转播车，使其能够为观众转播高清的精彩节目。

我国国内各电视台由于起步较晚，经费不足，对转播的需求较小等原因，从转播车的数量到所载设备都与欧美先进的电视媒体有不小差距。实际上，我国很早就能生产电视转播车。当时，上海广播器材厂和北京电视设备厂都能生产小型电视转播车，1970 年初，北京电视设备厂生产的一辆黑白电视转播车还援助了朝鲜。此后，南、北两厂同时为中央电视台各生产了一辆三讯道彩色电视转播车，为我国彩电广播史添上了光辉的一笔。我国的彩电广播事业每一步发展都能在电视转播车上得到体现。而且新设备、新技术最早总是用于转播车上。例如，当世界高清晰度电视刚刚升温时，为了庆祝中华人民共和国成立 50 周年，中央电视台又从日本引进了我国第一辆六讯道高清晰度数字彩色转播车。近几年，中央电视台和地方电视台都加大了高清节目制作力度，特别是 2008 年北京奥运会全数字化高清转播的技术要求，极大地推动了我国国内电视台高清设备的进一步普及。可以说，北京奥运会是我国高清电视技术进入加速发展的时期，北京、黑龙江、吉林、浙江、江西、大连、长春等省市级电视台均购置了数字高清转播车，如此神速的发展速度令外国电视同行也颇为震惊。可以说，以北京奥运会为契机，我国各省级电视台的转播车也在逐步向高清数字化发展。从 20 世纪 70 年代开始，我国的电视转播车从整车引进到今天的自行安装，走过了一条逐步摸索的道路。据不完全统计，我国现有各种转播车约 200 辆，其中整车从国外引进的有十几辆。经过北京奥运会这种大型体育赛事转播活动的锤炼，我国一大批电视台转播车的设备得以更新，转播工作人员的水平也有了长足进步，这对我国体育电视的发展无疑是大有裨益的。

## 二、电视转播车的车体布局

随着电视技术及设备的发展，例如摄像机、录像机的小型化和数字化，促使电视转播车技术快速成长，由开始的单一直播工作转向直播、录像、制作、卫星传送 / 播出等多种内容。现在电视转播车辆正在向更大、更小两个方向发展，逐步形成了全包箱体式、半拖挂箱体式、直挂箱体式等多种车型。按车辆尺寸大小又可分为特大型（XXL）、大型（XL、L）、中型（M）、小型（S、DSNG）等车型。其中小型转播车一般有 3～4 个讯道；中型转播车一般有 6～8 个讯道（典型的为六讯道）；大型转播车有 10 个以上讯道（典型的为十讯道）。另外，车载摄像机讯道数也由原来的 3 讯道扩展到 20 讯道以上。当然，摄像机数量越多则车体越长（国外最长的车辆可达 16 米以上）。电视转播车的规模决定了转播车车体的载重及其长度。由于转播车上安装有很多设备，重量较大，因此，转播车一般都采用国际著名汽车发动机生产商所生产的发动机，而在其底盘的选择上也应在充分计算其设备重量的基础上加以选择，既要考虑到车体的受力状况，又要考虑车体的灵活性。车体材料应具有防雨、隔热、保温、隔音、抗干扰、防腐蚀等特性。电视转播车车体设计应符合以下基本要求：

第一，运行性能良好。

第二，载重余量与额定总载重量之比不小于 20%。

第三，车体的前后、左右平衡，其偏差不大于 1%，重心距地面为车高的 1/3，允许有 5% 的偏差。

第四，空调等热平衡性能良好，并留有余量。

第五，防水、防尘及废气排放符合指标要求等。

转播车在系统设计上本着好用、够用原则进行设计的同时，应充分考虑系统的安全性、先进性、适用性、开放性、人性化。在系统设计中，始终按照系统安全化、控制灵活化、操作人性化、布局合理化、结构模块化、规格统一化的要求进行设计。这样才能使操作者尽快上手，熟练操控。在设计理念上，应该符合较新的技术潮流并兼具高清和标清（SD）节目的制作能力。转播车车体总尺寸应符合交通管理部门的有关规定，可采用客车式、一体化箱式货车式或拖挂式。要充分考虑道路状况、行道树高度、立交桥限高等因素。转播车车体底盘的选用对车内净空高度有很大的影响。车内净高要大于 1.90 米，如今的大型转播车则大多采用无大梁低地板客车用底盘，用空气减震气囊取代以前货车的传统式减震钢板，有效降低了车内地板的高度，同时也为安装侧拉箱让出了上下导轨的空间，使车内空间得以延展，也降低了车辆的总高度。车体的制造方法和使用的材质直接关系到整车的使用寿命，如今欧美国家大部分采用多层专用复合板材加工，省去了大部分骨架，设计简单、加工容易、不会锈蚀，隔热和屏蔽功能较好。为了降低整车高度，车顶不再架设加高的工作平台和护栏。车厢顶部采用的材质为防滑铝板，既可作为车顶，又可作为工作平台，并在其上设有固定点以便于架设摄像机或传送微波。为了雨天便于工作，在转播车进出口的上方应设有遮雨篷，可以自如地伸缩。在车箱体前端还设有 6 个左右的天线，分别为电视接收、通话、时钟校正等天线。整个车箱箱体有 4 个独立的液压支撑装置，平时停放时可有效减轻车体自重对车胎的压力，防止车胎变形，而在工作状态中则可保证车体平稳并防止工作人员走动和上下车造成的晃动。电视转播车的内部空间结构（驾驶室除外）一般分为三个功能区，即技术区、导演区、音频区（图4-3），国外一些超大型转播车还设有生活空间区，各功能区相对独立，工作中可以避免相互干扰并备有完善的通话联络系统，区域之间用玻璃梭门隔断。技术区位于车头之后，这里横向布置了立柜、储物柜，内有电源、录像机、主机设备等，设有录像工位；纵向侧边则布置技术调光立柜，并有技术调光工位。导演区位于车体中部，纵向侧边布置了多个监视立柜，从上至下数排监视屏成纵向弧形布置，切换台可以拉出调整至最佳人机关系。切换台可设计成弧形以改善通行环境，这里是体育赛事转播的导播工作的区域。音频区位于车尾，纵向侧边设有音控台，上方为三个悬挂机柜，中部为液晶监视屏，旁边并列一个音频立柜，侧边为储物区，是音频技术人员的工作区域。此外，在整个车体的末端一般都设有电缆盘区，有两层以上的一体化电缆盘，有些转播车还在这个区域安排了所有的车外接口板。从工作岗位考虑，电视转播车内应包含切换导演、特技（包括慢动作控制）、字幕、音频、视频及录像操作员等。具体设置可根据转播车的规模及用户使用要求做相应的调整与组合。

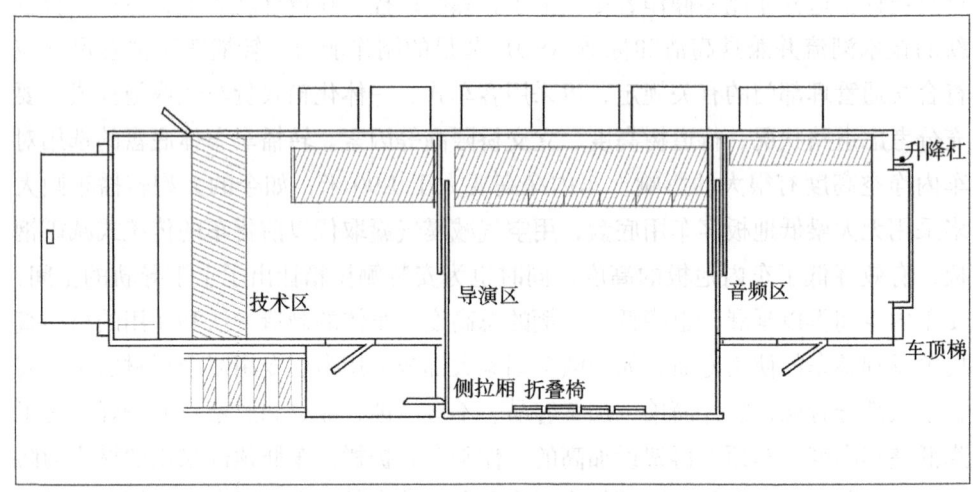

图4-3 数字转播车结构图

随着对体育赛事转播的质量要求不断提高，有些转播车也专设一个录像及硬盘慢动作重放工作区，并为这一工作区配备了和导演制作区同等规模的监视器屏墙及空间，以满足体育转播的专业化需求。此外，在划分各个工作区、安装各种设备时，还应注意车辆配重平衡、声音区远离发电机等因素。

# 第二节　电视转播车的视频系统

电视转播车的视频系统关系到整个转播车性能的优劣，主要由摄像机、切换台、矩阵、录像机、字幕机，以及分配、监测及监视等设备组成，一般采用主、辅两大通道方式，并充分考虑信号源的备份问题。

## 一、电视转播车的切换系统

各种高清转播车的视频系统构成非常相似，大同小异，而切换台便是其中的核心。切换台可以选择不同的视频素材，如摄像机、录像带、字幕或特技，然后将各种素材中选择的画面直接播出。切换台由几排按钮和各种控制设备组成，可以对输入的信号进行选择、合成及切换，并生成特效，然后再将所选的视频信号传送到输出设备上（图4-4）。切换台的基本功能为，从几个或几十个视频输入中选择一个合适的视频素材；在两个视频素材之间执行基本转换；创造或接入特技。有些切换台还可以自动根据节目的视频切换节目的音频。如果仔细观察切换台，尤其是实际操作时，就会发现各种各样的切换台都是用来履行特殊制作功能的。切换台的主要类型有主控制切换台、后期制作切换台、线路切换台和现场制作切换台。而安装在转播车上的切换台就是现场制作切换台，其功能主要是选择具体的视频素材予以播出，并通过叠化、划像、切等方式连接所选择的视频素材，应用和创造嵌入等特技。这种切换台必须具有足够的视频信号输入端，才能与各种视频素材相匹配。一些大型的制作切换台就有多达30多个的信号输入端，即便如此，在进行大型体育赛事转

图4-4　视频切换台

播时，导播仍然想要更多的输入端以不受约束，所以，在这种情况下，往往还会再增加一个切换台，让其承担某个具体任务，如所有的即时回放等。虽然，转播车所用的制作切换台的主要功能就是给即时编辑提供方便，即选择各种视频素材并通过过渡技巧将其依次连接起来，但人们仍然期望这一切换台能够承担愈来愈多的、能与后期制作编辑相媲美的特技，以完整、突出地表现体育运动特有的力与美。所有的现场制作切换台都有数量可观的内置数字特技，这些特技可以十分方便地与用作后期制作切换台的复杂的数字特技设备相连。因为切换台大多都是计算机驱动的，所以它们可以储存大量预先制作的特技效果，在实际操作中只需按一下按键就可以即时把这些特技效果调出来。

随着数字高清技术在体育赛事转播中的大行其道，用于大型体育赛事转播的转播车切换系统，大多已经完成了由模拟切换台到数字切换台的转变。数字切换台在外形和操作功能上与模拟切换台十分相似（图 4-5）。数字切换台能数字化地处理所有输入的视频信号。大多数数字切换台均属分量式切换台，其突出优点在于能够直接使用来自各个输入端的视频素材信号，如来自数字摄像机、数字编辑机、硬盘录像机、读 / 写各种光盘，以及事先储存在转播车数字存储装置中的各种素材信号。此外，数字切换台输出的数字信号质量也较高，相较于模拟信号，不易受到视频噪波的干扰。为了符合大型体育赛事转播的需要，转播车上的切换台应该有基本输入 20～30 路，这样可以保证大型体育赛事转播所需讯道，输入端可输入标清 SDI 和高清 HDI 两种信号，可以进行自由切换。近年来，这种多讯道的转播车已在国际各大型体育赛事转播中发挥了很大作用，受到业内人士的普遍赞扬。

图 4-5　数字切换

一般来讲，数字高清转播车在进行设备选型时，都会配备数字高清摄像机，如日本索尼公司生产的 HDC1580 型高清摄像机、HDC3300 型高清摄像机等。切换台则多采用美国草谷公司（GRASSVALLEY）、法国汤姆逊公司（THOMSON）和日本索尼公司（SONY）的产品。如果没有前端的数字高清摄像机，那转播车就巧妇难为无米之炊了，其输出的视频信号当然也不可能达到高清效果。电视转播车切换台的应急备份是通过主切换台与矩阵的组合来完成的。它的优点是系统简洁、逻辑明确，当系统采用统一控制协议的切换台和矩阵时，可以实现切换台和矩阵的联合控制。这在一定程度上解决了系统切换和控制切换的问题。可见，转播车的切换系统非常重要，并且结构复杂。从某种意义上来说，切换系统就是一台电视转播车的心脏。

## 二、电视转播车的监视系统

转播车作为一个紧凑的、功能全面的制作中心，需要监视大量的视频信号。转播车的监视系统应符合以下要求，一是监视众多的信号源波形和图像；二是监视视频信号的各传输环节，监视点的选择应有助于故障的判断和处理；三是视频监控系统可用于对视频系统的行、场同步和彩色副载波相位进行检查和调整；四是视频监控系统可用于对车内视频系统进行统一调试和指标测量；五是监控设备的选取应一机多能，尽量节省空间。

摄像机信号是转播车工作的主要信号来源，其质量的好坏直接影响播出的节目信号质量。由于工作中需要对摄像机的 B／W 平衡、光圈、黑电平和拐点等进行调整，所以同时监视每一路摄像机信号是非常必要的。在转播车上所安装的监视系统中，每一部摄像机后跟有彩色监视器，技术人员对摄像机的调整情况可直观地在示波器和监视器上反映出来。在传统的设计中，视频监视一般采用 CRT 监视器，没有更多的选择。随着平板显示技术的发展，等离子和液晶监视器技术逐渐成熟，并开始进入电视制作领域，使选择空间加大。由于受到车体的限制，转播车监视设备的选择需要全方位考虑，不仅要考虑监视效果和安全性，还要考虑体积、功率、维护以及监视墙美观程度等（祝晶，2005 年）。此外，大屏幕监视器的选择还应考虑清晰度、显色、视角、对比度、响应时间、耗电量等因素，也就是说这些参数最终应控制在转播车使用者的容忍度之内，否则一切都是空谈。

目前，用于体育赛事转播的转播车，其监视系统常用的监视器主要有 CRT、等离子和液晶监视器。高档液晶监视器色彩还原接近 CRT，响应时间约 6 毫秒，视角超过 170°，分辨率高、图像细腻、无辐射、无闪烁、厚度薄、功率低，有各种尺寸产品。等离子显示器具有高对比度、高亮度、可视角度大、响应时间短、辐射低、无闪烁、厚度薄等优点，缺点是色彩还原不如 CRT、尺寸不能做小、图像的像素感强。当前，电视转播车技术正处于从标准清晰度向高清晰度电视过渡期间，由于经济方面的考量，我国电视界在设计、装配转播车时一般都会使高标清信号兼容，而在建造这种制作系统时，监视系统的设计便是当前高清系统的难点之一，对转播车系统来说尤为如此。在如此狭小的车内空间里，要满足监看视角、位置、距离，就涉及车体内部各个功能分区的合理分配和各工位人员的不同监看需求。即使同一个工作岗位的监看也涉及习惯、根据不同应用而对应的变化，如 16：9 和 4：3 等宽高比变化、安全显示框、是否满足输入源路数和高清、标清不同宽高比输入和处理的需要，以及动态 TALLY 和动态 UMD 的实现等。为此，国内各电视台的多讯道高清电视转播车的监视系统在设计与集成方面，都遵循高标清兼容的需求，节目制作区域监视墙采用多个高清晰度液晶监视器，其优异的技术指标保证了高清制作环境的图像监看质量，完全可以满足高清制作监视的要求，可显示几十路高清或标清数字信号。除摄像机技监外，所有的监视节目源都是通过矩阵调度到画面分割器，在通过画面分割器处理后输入到这些高清晰度液晶监视器进行显示，并且，通过画面分割器进行画面分割，兼顾了高清视频信号（HDTV）和标清视频信号（SDTV）两种制作环境下 16：9 画面和 4：3 画面的最佳监看效果（图 4-6）。同时，图像监视质量也完全符合广播级的严格要求，是真正的基于硬件板卡方式的产品，输入 / 输出延时小，可靠的硬件平台，运行稳定，不会出现"电脑死机"所造成的系统瘫痪现象。如前所述，可

以进行动态调度的大屏幕监视器墙已越来越多地在体育赛事直播的转播车上运用，数字矩阵、多画面分割器、信号源名显示、播出灯指示都可用一个控制系统连接起来，这样就可以轻而易举地对大屏幕监视器墙的任何一路视频输入信号进行及时的动态管理，并根据转播车上各个工作人员对监视器墙的不同视频信号需求，迅捷地动态分配监看图像的位置、内容及格式。

图 4-6　转播车监视设备

　　在体育赛事直播过程中，转播车的监视系统还应对意外情况有所防备。当上述信号的监视设备或画面分割器出现故障时，可通过应急切换，使由于设备故障不能监看的信号快速调换至冗余热备监视器上显示。只有这样才能真正做到万无一失，保证体育赛事直播的正常进行。

## 三、电视转播车的慢动作系统

慢动作系统是当前体育赛事电视直播中不可缺少的设备。随着现代体育赛事直播对图像记录、慢动作重放的需求越来越高，诸如慢动作制作区这一工作岗位，已由传统的节目辅助制作工作岗位升级为独立制作工作岗位，因此需要将传统分布于技术区和导演区的录像、慢动作重放岗位组合在一起成独立的制作区，并为其配置独立的监听监看环境。慢动作区配有液晶大屏幕监视器，慢动作导演可通过这些监视器对全部慢动作操作员进行统一调度，并可通过多母线矩阵遥控面板帮助慢动作操作员进行信号选择。慢动作回放是体育节目转播必不可少的功能，多机位的慢动作重放能使观众更全面、更细致地享受体育带来的乐趣；另一方面，随着电视节目向着真实性、参与性和实效性发展，许多大型体育赛事直播节目越来越多地需要插播事先制作好的与节目相关的片段，例如，较早的新闻、事先的访谈、以往的相关资料等，这些都要求制作系统配备能够提供同步记录、快速检索及准确播放等多种功能的回放系统。而计算机的发展，特别是基于计算机技术的数字视频技术的发展，为我们提供了硬盘视频服务器，它的随机存储特性摆脱了以往用线性记录设备完成上述节目时的局限性。目前国内外进行体育赛事直播的转播车的慢动作系统，一般都采用比利时数字慢播技术公司（以下简称"EVS"）的硬盘慢动作系统（图4-7）。迄今为止全球已有超过数千套 EVS 硬盘慢动作系统在使用中。EVS 硬盘慢动作系统的可靠性和使用的灵活性，得到了全球体育赛事直播者的肯定。

**图 4-7　EVS 硬盘慢动作系统**

高性能硬盘服务器的 EVS 硬盘慢动作系统，不仅可以提供多通道并且每个通道均能录放带有音频输入、输出的通道独立录像系统，而且还能提供多种通道组合的工作模式，可以满足体育赛事直播中各种直播慢动作或录像的需求，而且慢动作重放图像的质量也可根据需要自行设定。在设有输出通道的情况下，播放与录像可以同时进行而不互相影响，这样就保证了所录制的体育赛事节目的连续性并且不会丢失任何珍贵的画面。此外，该系统的音频输出、输入方式也可通过专用软件设定，并且模拟平衡监听输出在任何设置情况下都会有输出，时码 LTC 输入则可使录像时码与转播系统的卫星时钟保持同步。随着体育赛事直播渐趋立体化，传统意义上那种片头、主持人、比赛过程、片尾的所谓"四段式"赛事直播已经被拥有更多表现形式、信息量更为丰富的"立体化"直播所取代，因此，在直播过程中就需要随时插入来自各种信号源的音、视频文件（或插片），并且这些文件有些仅仅还是素材，需要及时在线编辑才能使用，而这些，在 EVS 的网络系统中都能轻而易举地得到解决，因为该网络系统具有慢动作重放片段的节目编辑功能，它可使工作人员非常方便地上载、场记、媒体管理、搜索、记录轨迹、编辑、制作片段、制作精彩集锦，也可以即时浏览和最终播出任何视频与音频素材，而正在录制中的素材也是同时支持这一功能的。这样，就可以在最短时间内，灵活地为赛事导播提供已准备完毕的素材序列，以便其在切换时随时使用。一般情况下，用于体育赛事的转播车的慢动作区会设置在切换台的后方侧拉箱的一方。这样就可使慢动作操作人员既可看到 EVS 硬盘慢动作系统每路输入、输出信号的高清分屏监视器，同时也能看到导播工作区的任意一台监视器，最大程度地保证了慢动作工作区与导播工作区的信息沟通。当代体育赛事直播是以大量高新电子技术突进为坚实基础的，EVS 硬盘慢动作系统之所以能够取代传统的磁带录像机慢动作回放系统而大行其道，恰恰就在于其所具有的便捷、高效及视音频信号的高质量等突出特点。目前，该系统已经风靡全球，广泛应用于世界杯足球赛、奥运会、NBA、欧洲五大联赛的电视直播中，成为体育赛事转播的必要设备。

## 四、电视转播车的摄像机系统

摄像机系统是电视转播车视频系统中非常重要的一环，关系到整个体育赛事直播的成败。由于高水平体育直播具有摄像机位多、主要机位镜头倍率较大、高速摄像机使用广泛等特点，所以，在构建体育赛事转播车摄像机系统时，就必须考虑体育赛事直播的特殊要求，并适当采用特殊摄像机和高倍率镜头，最大限度地呈现给观众富有冲击力的精彩赛事画面（图4-8）。一般情况下，用于体育赛事直播转播车的摄像机系统，主要有广播级便携摄像机（普通摄像机）、遥控微型摄像机、高速摄像机等。以下为高速摄像机、遥控摄像机、其他特种摄像机的特点。

图 4-8　高倍率镜头

（一）高速摄像机

要了解高速摄像机，首先需要了解摄像机的工作原理。摄像机的工作原理类似于电影中的慢动作制作，即高速拍摄，普通速度重放。正常情况下普通 PAL 制摄像机每秒只能拍摄 50 帧画面，而高速摄像机则能拍摄 150 帧画面。电视利用人眼的视觉暂留特性，即视觉残留时间大于 0.05 秒，只要场频高于 20Hz，尽管有亮度闪烁，却感觉画面始终存在眼前，产生视觉连续感。对于间断出现的运动景物来说，当其重复频率高于 20Hz，且相邻两次出现的相对位置对眼睛的张角不超过 7.5° 时，就不会出现跳跃感而是产生连续移动的感觉。普通摄像机拍摄运动物体时，受 CCD 曝光时间的限制，运动物体会有拖尾现象，从而造成画面的模糊，这时，一般采用人为增加电子快门以缩短 CCD 曝光时间的方法解决运动物体拖尾的问题，但随之产生另一个问题，即摄像机所记录的图像在做慢动作重放时，运动物体的运动连续感会受到影响。如图 4-9 所示，一个球从画面左侧向右侧运动时，在 1/50 秒的时间内用

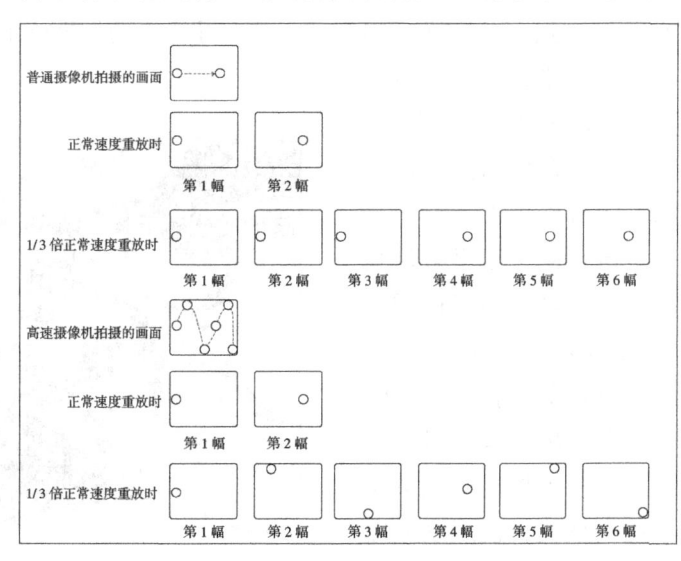

图 4-9　高速摄像机工作原理

普通摄像机拍摄出 2 帧不同的画面，正常速度重放时利用人眼的视觉暂留特性，让人感觉到球是从画面的左面运动到了画面的右面，而当制作慢动作画面的时候，用 1／3 的正常速度重放时运动景物的重复出现频率为 50／3＜20Hz，这时就会让人感觉到球是从画左跳到了画右。高速摄像机采用 3 倍于普通摄像机的速度拍摄，并采用特殊的硬盘记录设备（硬盘录像机）进行记录和重放。对于上面的场景在同样的拍摄时间内能够拍摄出 6 帧不同的画面，正常速度重放时因为人眼的暂留特性，与普通摄像机拍摄的画面正常速度重放时效果一样，都让人感觉到球从画左运动到了画右，但当用正常速度重放时，差别就产生了，这时运动景物的画面重复频率仍然为 150／3=50Hz，远大于产生视觉连续感所要求的 20Hz。我们可以从慢速重放中看清楚球的运动轨迹是一个连续的 S 形而并不是简单地从画左跳到画右。这就是为什么相对于普通摄像机拍摄画面的慢动作重放，高速摄像机拍摄的画面能够更加清晰地表现出拍摄对象运动的过程。

目前，高速摄像机可选择的余地不大，只有汤姆逊、松下和索尼三个厂家有成型的高速摄像机产品（图 4-10）。松下 AQ-2000 高速摄像机是一种普通 3 路 SDI 输出，提供每秒 180 帧图像信号的数字摄像机，但目前只有 NTSC 格式。索尼的 BVP9000 高速摄像机通过一个模拟的 Y／CTDM 通道提供每秒 150（PAL）或 180（NTSC）帧信号，此信号连接进 EVS 分割器模拟信号被数字化，输出 3 路信号进入 SLSM 主机。汤姆逊的 LDK23HS 高速摄像机则是配合 1998 年法国世界杯足球赛开发的，这种新型数字摄像机提供每秒 150（PAL）或 180（NTSC）帧图像信号，通过 3 路 SDI 输出直接与超级慢动作重放系统相连。该摄像机同时还提供 1 路普通速率（每秒 50 或 60 帧）的信号，因此可以在作为高速摄像机的同时也可作为一个普通讯道转播。这里必须指出的是，这些高速摄像机一般都会与转播车上的 EVS 硬盘慢动作系统连接，在体育赛事直播节目中专门为观众提供高画质的精彩镜头重放，使观众领略体育运动的独特魅力。

图 4-10  汤姆逊高速摄像机

## （二）遥控摄像机

为了全方位、多角度地呈现体育比赛的全貌，体育电视媒体在进行体育赛事电视直播时，总是想方设法利用各种摄像设备达到这一目的，遥控摄像机就是此类摄像设备的典型代表。在转播各类体育比赛中，遥控摄像机发挥了重要作用。遥控摄像机在实际的电视节目制作中，大多数为固定机位。在调整好各项参数后，即可得到固定画面供导演使用，例如，在转播游泳比赛时，一般有一个高俯机位，用全景介绍比赛全貌；游泳池边设有遥控轨道摄像机，用中近景跟拍前几名运动员的竞争态势；而带高倍率镜头的摄像机则以正面拍摄运动员，表现他们的姿势动作；水下遥控轨道摄像机、固定在游泳馆天花板上的遥控轨道摄像机采用遥控的方式可客观、清晰地反映运动员转身和出发后的入水动作。

遥控摄像机主要分为固定式和移动式遥控摄像机。固定式遥控摄像机一般会架设在专业三脚架或比赛场地的固定位置（如赛场看台、护栏、墙面、球网、篮板背面等）上，这种摄像机通过摄像机电缆连接到摄像机控制器（CCU 或 MCU）上，通过遥控电缆，导播或相关技术人员可以在转播车内进行控制。除了能够进行聚焦、光圈调整、变焦和其他常规调整之外，还可以对摄像机的左右转动方向及仰、俯的角度进行遥控调整，但却不能遥控调整摄像机的机位。因此，这种摄像机的使用状态有时会有一定局限，有时不能完全满足导播所希望的拍摄要求。

如此，各种各样功能更加强大、能够改变自身位置的遥控摄像机应运而生，这就是移动式遥控摄像机。这种移动式遥控摄像机一般由智能底座、遥控云台及摄像机组成。智能底座、遥控云台取代了传统的三脚架，摄像机安放其上便可随意移动。由于体育赛事的项目种类众多，移动式遥控摄像机也随所转播的比赛项目不同而产生了很多变种。在2008 年北京奥运会赛场上，各式各样的遥控摄像机，五花八门，随处可见，令人眼花缭乱。为了转播好开幕式，相关技术人员在"鸟巢"上空架设了一套空中垂直升降摄像机（图 4-11）。这种

图 4-11　垂直升降摄像机

摄像机吊挂在绳索上,通过滑轮由电动绞盘驱动,起降高度可以预先设定。为了防止绳索摇摆和旋转惯性,摄像机上还安装了电子陀螺仪和减震器。摄像机上还装有远程遥控云台和无线微波装置,前者在接收相关技术人员的有关遥控指令后,即可实施左右转动及仰、俯的角度变换、聚焦、变焦等操作,而后者则能通过微波将所拍摄到的视频信号传送至转播车。此外,还架设了两套空中索道摄像机(图4-12),其原理与垂直起降类似,只不过它是在两条平行的空中索道上运动。这两套空中索道横跨"玲珑塔"和"水立方"上空,长达数百米,将"鸟巢"的壮丽雄伟尽收眼底。其实,在2006年德国世界杯的电视转播中,有关电视机构就开始大量运用空中索道摄像机进行拍摄。目前,凡是世界性的足球大赛,空中索道摄像机已成为电视直播的必选摄像机种和机位(图4-13)。北京奥

图4-12　空中索道摄像机

图4-13　足球赛事直播中的
空中索道摄像机

运会的田径比赛精彩纷呈,同样也有遥控摄像机的身影。"鸟巢"田径赛场跑道边架设了两套轨道遥控摄像机,俗称"电兔子"(图4-14)。一套在100米直道,一套在200米弯道处。每台"电兔子"上都装有两台摄像机,可以同时跟踪

图 4-14　田径赛事直播中的轨道遥控摄像机（电兔子）

图 4-15　轨道遥控摄像机所拍摄的画面

两个目标，充分展示短跑选手途中跑的精彩进程（图 4-15）。在北京奥运会中应用最多的当数远程遥控云台摄像机，几乎所有场馆都有它们的身影。远程遥控云台不仅可以装微型摄像机，也可以安装三同轴或光缆摄像机，仅乒乓球馆就有 7 套之多，游泳馆上空的远程遥控云台摄像机还装在轨道上，沿泳池纵向移动，可在空中跟随行进中的运动员拍摄比赛镜头。

（三）其他特种摄像机

由于运动项目不同，比赛规则也不尽相同，因此体育赛事直播时场地和欣赏角度也大相径庭，这就需要在直播中采用不同的表现角度与方法。鉴于此，体育电视工作者在长期实践中与摄像器材生产商密切合作，生产出了多种多样的专供体育赛事直播使用的特种摄像机和相关计算机设备。网球赛事直播中的"鹰眼"技术的出现便是一个范例。在进行网球赛事直播之前，电视转播机构会在场地周边观众席上架设 10 台"鹰眼"高速摄像机（图 4-16），与高速图形处理工作站连接，并有专人进行现场操作，一旦运动员要求挑战"鹰眼"，工作人员操作专用键盘，现场大屏幕上就会重放工作站生成的网球在场地上的三维轨迹图，准确显示网球的落点，协助裁判判定球是否出界（图4-17、图4-18）。由于网球速度越来越快（发球时速有时已高达 200 公里以上），所以，有时仅靠裁判员的肉眼已无法准确判断球的落点，因此，"鹰眼"技术应运而生。可以说，"鹰眼"技术已经成功融入网球比赛本身成为比赛的一部分，深受观众的喜爱，挑战"鹰眼"已

图 4-16　"鹰眼"高速摄像机

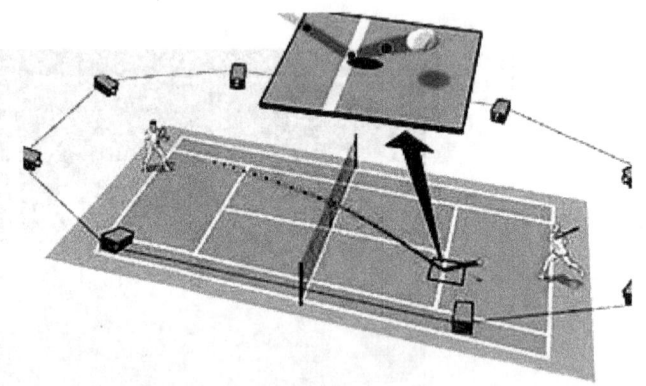

图 4-17　"鹰眼"技术示意图

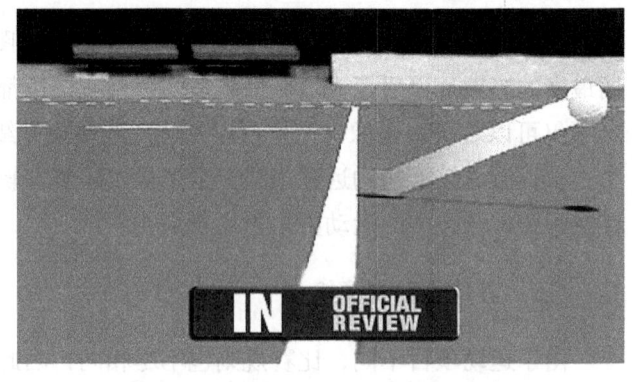

图 4-18　"鹰眼"技术模拟的网球落点

成为网球转播中最时髦的词语。"鹰眼"技术就是高新摄像器材与电子计算机技术完美结合的典范。在游泳比赛直播中，也会使用水下固定摄像机（图4-19）、水下轨道遥控摄像机（图4-20）、水表面摄像机、水上钓竿摄像机、固定在天花板上的轨道摄像机、泳道上空的移动式摄像机（图4-21）、泳池边的轨道遥控摄像机、斯坦尼康摄像机（图4-22）、跳水池边的自由落体摄像机（图4-23）、摇臂摄像机（图4-24）、跳台周围的远程遥控云台摄像机，以及8条泳道终点上方的高速摄像机和跳台边的超高速摄像机（图4-25）。我们在电视转播慢动作回放

图 4-19　水下摄像机图

图 4-20　水下轨道摄像机拍摄的画面

图 4-21　泳道上空的移动式摄像机

图 4-22　斯坦尼康摄像机

图 4-23　自由落体摄像机

图 4-24　泳池边的摇臂摄像机

图 4-25　超高速摄像机拍摄的画面

中都可以欣赏到它们带来的精彩回放画面，尤其是菲尔普斯的那一次惊天触壁以 0.01 秒的优势离奇般成就了其 8 枚金牌的梦想。而只有在超高速摄像机镜头下才能看到这百分之一秒之差。当今的电视表现手法已趋于多样化，为使镜头语言更丰富、更具表现力、在很多电视节目的拍摄中运用了一些先进的特种设备，其中摇臂摄像机就是一种被世界各大电视机构广为使用的特殊摄像器材。它大大增加了镜头的动感和多元化，给画面增添了磅礴的气势和纵深空间感，使观众有身临其境的感觉。随着电视事业的不断发展，电视艺术对人们的审美观念和审美情趣的影响越来越大，在日益频繁的体育赛事电视转播中，摇臂摄像机已经越来越成为电视手法所不可缺少的表现工具。在国际体育赛事的电视转播中有针对各种体育节目类型的摇臂摄像机，如德国的 ABC 大型摇臂摄像机是专门为拍摄足球比赛设计的，在足球赛事直播中一般设置于球门后面进行移动拍摄（图4-26），能够拍摄到极具视觉冲击力的画面（图4-27）。而英国的 Polecam 渔竿式摇臂摄像机主要适用于小型技巧类体育运动节目的拍摄（图4-28），它操控十分柔顺，能轻松转移拍摄位置且操作非常灵活，整体设计合理，容许把整套摇臂挂在摄影师身上，整体重量分布平均，无论挂在身上或安装在三角架上都不需要将摇臂拆除就可以搬动转移，甚至在拍摄过程中上下楼梯，这是其他各种摇臂都无法达到的。目前，国际赛事的电视

图 4-26 ABC 大型摇臂摄像机

图 4-27 ABC 大型摇臂摄像机拍摄的画面

图 4-28 Polecam 渔竿式摇臂摄像机

转播无一例外使用了摇臂摄像，如奥运会、世界杯足球赛、欧洲足球五大联赛、NBA 等都大量使用了摇臂摄像。我国体育赛事的转播也有相当一部分项目使用了摇臂，如足球、体操、田径等比赛项目，收到了良好的电视效果。摇臂摄像在体育赛事电视转播中应用水准的高低很大程度上取决于摄像师和导播之间的沟通，而摇臂摄像的魅力就在于镜头是运动的。所以，摇臂的运动轨迹最好要有起伏，似波浪型，这样，画面才是流畅而有动感的，如果要运用好摇臂，操作时就要"一心两用，甚至一心三用"，做到点面结合。有起有伏似流水是摇臂摄像所要考虑的重要因素。为此，每次体育赛事转播开始前，摇臂摄像人员都应与赛事总导播对赛事录制流程进行充分的沟通，并预先熟悉体育赛事的比赛规则及运动特点，共同设计赛事转播中需要用到摇臂的镜头画面，使摇臂摄像技术能够发挥出最佳作用。在实际赛事转播拍摄中，摇臂摄像人员所组织的镜头语言应该始终贯穿一个"动"字，用摇臂镜头捕捉运动员在比赛时的动感瞬间，让观众感受到现场激烈的比赛氛围，从而突破传统摄像机位的局限，跟拍运动员，以突出运动特性。例如，可以利用摇臂的优势抓拍运动员入场时的正面镜头；运用摇臂远近结合长镜头拍摄看台上加油呐喊助威、情绪高涨的观众场面等。此时画面的视觉冲击力非常强烈，是其他机位所无可比拟的。可以说，摇臂摄像技术之所以在体育赛事转播中大行其道，其独特的视角就是其制胜的最大利器。

在体育赛事直播中应用极广的另一特种摄像机是斯坦尼康摄像机。斯坦尼康是一种摄像机支架，减震性很好，能使摄像师在走、跑甚至跳的同时保持摄像机的绝对稳定。重型摄像机和摄录一体机需采用大型斯坦尼康支架，由摄像师穿在身上（图 4-29）。小型摄录一体机则采用轻便的斯坦尼康，用一只手即可拿着走（图 4-30）。斯

图 4-29　重型摄像机
使用的斯坦尼康

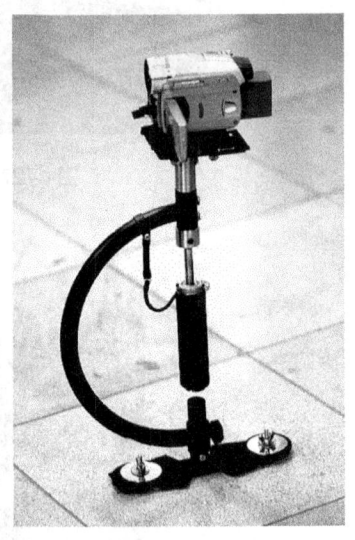

图 4-30　轻型摄像机
使用的斯坦尼康

坦尼康摄像机有着极大的灵活性、便利性。它可以拍摄比摇臂摄像机时间更长的长镜头，并且可以适应山地、台阶等更多的环境，完成更为复杂的移动镜头拍摄，这也是斯坦尼康的突出特点。所以，摄像师经常会在比赛现场运用斯坦尼康摄像机为观众呈现一些异于寻常视角的画面，如跟拍足球比赛中主力球员（图4-31）或主罚角球的球员背影、两位摔跤选手角力的动态画面等。

图4-31　斯坦尼康摄像机
跟拍足球运动员

此外，设置于直升飞机或飞艇上的航拍摄像机在体育赛事直播中也能大显身手（图4-32）。这些摄像机可以承担城市的市容市貌、体育场馆（图4-33）、大型赛事的开闭幕式、足球、马拉松及公路自行车等比赛的航拍任务，在体育赛事直播的空间维度上呈现立体化。北京奥运会开幕式上航拍的那29个空中大脚印令人印象极为深刻、震撼，而由直升机拍摄的"鸟巢"空中鸟瞰图景更是令世人迷醉。

图4-32　用于航拍的飞艇

图 4-33 "鸟巢" 航拍画面

在马拉松、竞走和公路自行车赛道上行驶的摩托车上的无线摄像机机动灵活（图 4-34）。这种摄像机为了保证画面稳定，均采用高性能防震镜头，其作用是为减小振动频率较高时的抖动，它与空中航拍的摄像机组成全景式立体拍摄令转播精彩连连。

图 4-34 用无线摄像机拍摄马拉松

各种微型摄像机也在体育赛事直播中粉墨登场，如帆船上的小型摄像机将人们带入大海与运动员共同体验海上的风浪和帆船的起伏；射击场上的远程遥控云台摄像机，面对运动员的枪口从容不迫（图 4-35）；举重运动员面前地板下的微型摄像机，可以把运动员发力前瞬间的表情展露给观众；NBA 赛场篮板后面设置的微型摄像机拍摄的画面更是惊鸿一瞥，令人称奇（图 4-36）。

图 4-35　远程遥控云台摄像机拍摄的比赛画面

图 4-36　篮板后设置的微型摄像机拍摄的比赛画面

此外，还有棒垒球场垒包上埋设的微型摄像机、射箭场箭靶上的针孔摄像机、跳高横杆上的微型摄像机等都极具视觉冲击力。

总之，随着体育赛事转播技术的不断发展和转播技术人员对各种体育项目本质理解的逐步深化，体育电视转播镜头也会不断创新，为全世界的电视观众提供了身临其境的畅快感觉。

# 第三节　电视转播车的音频与通话系统

## 一、音频系统的组成

随着时代的发展和公众对体育赛事欣赏需求的提高，人们对体育赛事转播技术的要求也越来越高。目前，广播电视技术已进入数字化时代，转播技术也较从前有了质的飞跃，出现了大量的高新设备，其中的突出代表就是高清数字转播车。高清数字转播车的出现，为电视工作者提供了至少 10 路以上的摄像机信号和较完备的音频系统，较之从前有了很大进步。对于体育赛事直播转播车的音频系统来说，要求多路输出、输入、传输的音频信号必须包括整个赛场上丰富的声源。假如观众通过电视既能看到精彩纷呈的赛事画面，又能听到来自比赛现场的各种声音，那无疑是莫大的视听享受。因此，通过北京奥运会电视转播的洗礼，我国多家电视台的大型数字转播车的音频系统，特别是拾音系统都接近或达到了国际先进水平。为了达到与国际接轨的相关技术要求，我国体育赛事转播者也尽量拾取赛场内的有用音源，使我国的体育赛事转播水平有了质的飞跃（图 4-37）。

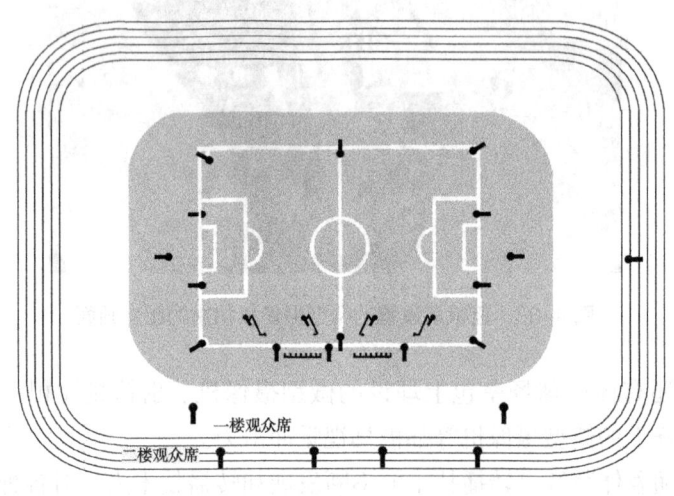

图 4-37　足球赛事转播中现场话筒布位

目前，举办国际大型体育赛事的相关体育组织及组委会，对这些赛事转播的音频信号都有具体、明确的制作要求，因此制作这些赛事的电视公共信号的转播机构在转播时就必须严格遵守这些制作要求。例如，北京奥运会的赛事转播全部由 BOB 负责制作，并由其向全世界广播电视媒体提供奥运会广播电视公共信号。这届奥运会的转播是奥运转播史上第一次全面采用高清晰度电视制式，而其音频制作则采用了 5.1 环绕声方式。BOB 提供了基本要求和话筒设备，由各个音频制作团队根据自己的制作经验，进行合成制作。

北京奥运会电视国际音频信号采用标准立体声和多声道 5.1 环绕声两种制式制作，广播国际音频信号采用标准立体声制作，共需制作三种共 10 路音频信号。所有国际音频信号的制作和传输线路在转播制作综合区范围内都采用 ASE / EBU 音频信号标准、110 欧姆、平衡、通道标准电平定为 –18dBFS（欧洲标准）。各转播车制作的数字音、视频信号分别送到 TOC（技术操作中心），由 TOC 嵌入到视频信号，再传送到 IBC（国际广播中心），分配给各个广播电视机构（王树森，2009 年）。同时也把电视立体声和 5.1 环绕声的数字音频信号嵌入到视频信号里传送 TOC 做备份。

## （一）电视音频信号要求

现场制作的音频信号应有一对双声道立体声和 5.1 环绕立体声。其中，双声道立体声绝对不允许由数字调音台或借助别的设备（如 Lexicon 960L 等）将 5.1 环绕声直接 DOWN–MIX 出立体声。电视声音嵌入在高清数字视频中进行传输通道的分配如下：

通道 1：立体声左声道；通道 2：立体声右声道；通道 3：5.1 环绕声前置左声道；通道 4：5.1 环绕声前置右声道；通道 5：5.1 环绕声中置声道；通道 6：5.1 环绕声低音声道；通道 7：5.1 环绕声左后声道；通道 8：5.1 环绕声右后声道。

## （二）广播音频信号要求

广播听众是看不见实时比赛的画面的，对比赛的进程只能依靠广播解说员的现场解说，因此提供给广播电台的国际声信号与提供给电视台的国际声是不同的信号。广播声音主要是环境声音信号，也是一对立体声。

随着越来越多的高清数字转播车在大型体育赛事转播中的大量使用，以及各个国际体育组织对其辖下体育赛事转播的相关技术标准的日益提高，数字电视伴音的形式必将随之面临巨大的变革，取而代之的必将是使观众有身临其境之感的多声道伴音。转播车音频系统的制作能力和安全特性必将受到越来越多的重视。以下为高清电视转播用转播车音频系统的构成及控制调试。

转播车音频系统主要由音频信号输入部分（信号输入所需传输设备、信号分配设备）、音频信号控制与调整部分（调音台、音频周边设备）、音频信号输出部分（监听、外接口板、微波、送给录像机的不同输入、加嵌器、下边换器）、音频系统的同步（系统本身的和与视频相关的同步设备）组成。目前，高清转播车大多采用多声道音频系统设计方案，且现场扩声和播出音频分别调整，即现场扩声由现场调音台完成，而转播音频信号的调整则由车内的调音台完成，也就是说扩声调音台与转播车车载调音台应同时共享包括话筒、放音设备、乐器信号在内的所有音源信号。由两个调音台分别调整各自的平衡，以便确保现场和转播均获得最佳的音响效果。所以，转播车上均配有品质优良的调音台，以便随时在转播过程中调节各路从比赛现场失去的音频信号。

转播车音频系统的设计按工作习惯一般设计为两级调音，车上的调音为第二级调音。所谓两级调音，即在节目现场进行录音合成，然后通过转接盒、音频综合电缆或音频电缆送至转播车上调音台，再经过音频分配放大器，与视频信号一起送给车载录像机、微波传送发射或通过光发射机中的光纤把视音频信号传回台内，同时回馈给车上导演区、技术区、音频区的监听音箱（图4-38）。这种现场调音的工作方式，比较直观可靠益于掌握现场情况，常用于大型文艺晚会和体育比赛的现场解说。

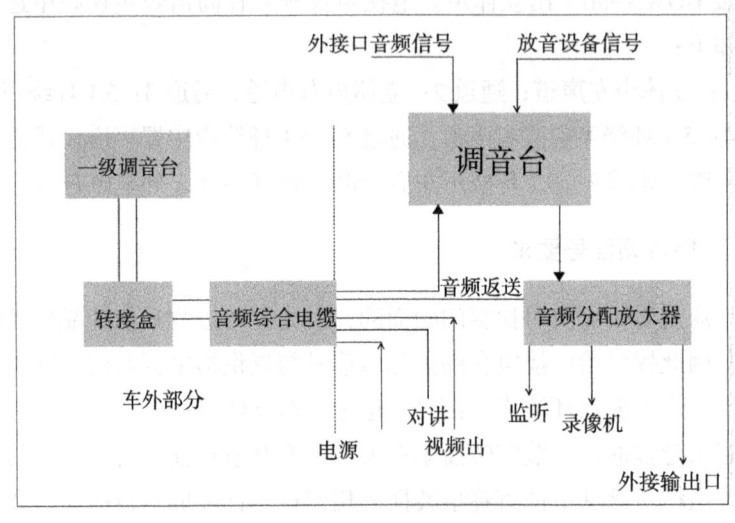

图4-38 转播车音频系统工作原理

## 二、音频系统的工作过程

通常情况下，一般的综艺晚会只需要用一条音频电缆从一级调音台连接到转播车的音频外接口上即能正常工作，但体育比赛涉及现场解说时必须要用转接盒和综合电缆。音频综合电缆，顾名思义是指多路音频信号传输电缆线。它一般包括音频平衡传输线、视频线、电源线以及通话线等。它与外部信号交流是通过转接盒来实现的。在体育比赛的现场制作中，现场合成的音频信号一般分为一主一备回馈给转接盒。这样，转接盒上要有 4 个音频输入口。有时现场也需要转播车上送来的信号（一般为 VTR 放像时的声音），所以要有两路音频返出口。对于体育比赛的现场解说或现场直播节目，解说员要根据画面进行讲解，录音师根据画面选择声音，并且要准确知道开始和结束时间，所以转接盒要有视频输出口用于监看，一般有两路。一级调音台的电源通常可从转接盒中取出，而传输载体就是音频综合电缆。音频综合电缆是多芯电缆，它既包含有电源线，又包含音频、视频、对讲线等。

转播车上的调音台，一般情况下是将一级调音台已经处理好的信号，经过简单的压限、均衡处理后，通过音频分配放大器把信号分别送给监听、录像设备和光发射机等。监听可分为音频区、导演区和技术区，且各区的监听可自行控制。车上调音台除输入车外信号，还接受车上的放音设备和录像机的音频信号，车上常设的放音设备有 CD 机、MD 机等。数字调音台种类繁多，各有不同，其选择的基础为，第一，转播车的音频系统是用于各种实况转播，现场调音完全不同于后期制作，操作人员会面临许多无法预料的实际问题，要求在很短时间内予以解决，因此调音台人性化的设计便显得尤为重要，良好的人机关系能为音频工作人员迅速解决问题提供极大的方便。第二，转播车的工作环境与演播室存在着很大的差异。转播车内音频系统的核心是调音台，如果调音台出现故障，可能会导致整个系统瘫痪，因此，调音台是否能够满足对温度、振动等高标准的要求，将关系到转播任务是否能够安全、顺利地完成。第三，调音台需具备音频跟随视频的能力。在体育赛事的电视转播过程中，保持声音与画面的高度一致性，是确保获得真实现场效果的重要技术环节，这就要求调音台应具备音频跟随视频的能力。第四，调音台需具备环绕声制作能力（姜世杰，2009 年）。这样才能达到世界性高水平体育赛事转播的音频信号制作要求。

### 三、音频信号的输出

转播车音频信号的输出，主要包括监听、外接口板、微波、送给录像机的不同输入、矩阵、视频相关设备（下变换器、加嵌器）、DOLBY 编码等设备。在微波、录像机、外接口板等处，需要采取多种备份方案，以便保证在直播、录像过程中音频信号不中断。音频系统的输入部分可由调音台本身的输入矩阵来实现其功能，而在音频系统输出部分设置矩阵的主要目的，则是便于节目互转和不同信号的单独记录、非播出音视频信号的记录和制作。传送至转播车外的输出音频信号主要是为卫星车、光缆输送音频信号，因此需要与加嵌器、微波同等的待遇。这时，需要将主、备调音台的模拟、数字输出，经过主、备两台多声道音频选择开关（带遥控功能、模拟、数字同时输入输出、带断电旁通功能）选择后，再经模拟音分和数字音分分别送入主备（微波、加嵌器、外接口板）。这样就达到了在输出通道上的畅通无阻。

任何电视节目归根结底都是声画结合的产物，体育赛事转播节目也不例外。作为在体育赛事转播中扮演重要角色的转播车，其音频系统的安全性、灵活性、操作的人性化，以及多声道的制作能力，是能否顺利完成转播任务的关键。在音频系统的输入、输出、监听等关键环节所采取的备份措施，最大限度地保障了转播工作的安全、可靠。而对于设备的选择与系统设计所应遵循的总体原则就是操作简单，功能灵活。在初步了解转播车音频系统的结构与工作过程后，还必须对转播车的音频拾音系统有较充分的了解，这样才能使最后播出的体育赛事转播节目声画并茂。

### 四、音频信号的采集与传输

大型世界性体育赛事的音频技术系统一般分成转播系统和赛事系统。其中，转播系统的音频系统由三部分组成，即国际声采集、评论声采集、内部通话联络（图 4-39）。

国际声采集和传输系统的主要任务是将比赛现场的环境声和运动员等参赛人员比赛时产生的声响采集、制作并最终传输给所有转播商。它既可作为广播电台体育转播节目的唯一来自比赛场地的信息，也可作为电视台体育转播节目中配合画面的重要音频信息（王树森，2009 年）。

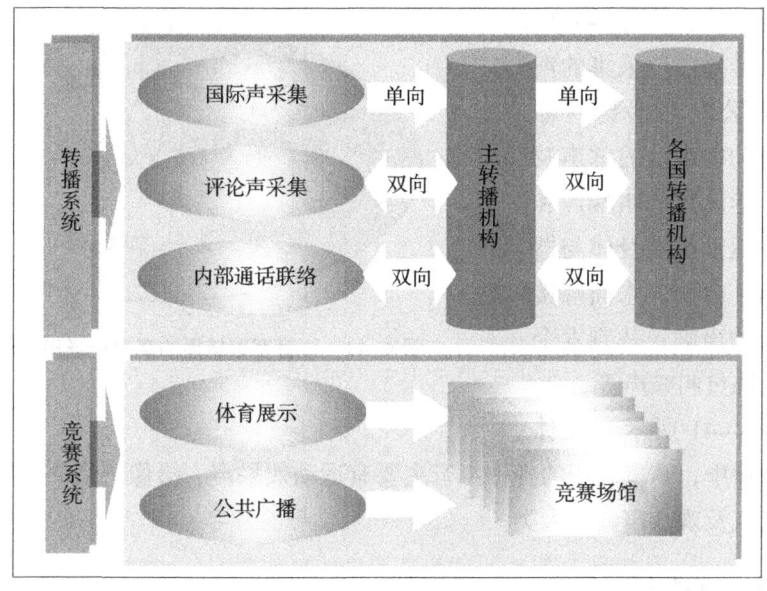

**图 4-39　大型体育赛事转播的音频系统示意图**

## （一）音频信号的采集

在体育赛事转播开始之前，转播团队的音频制作人员进驻场馆后，首先按照主转播机构音频设计团队提供的前期设计方案，运用他们在历届大型体育赛事转播中积累的成功经验，开始完善由安装队伍初步安装的系统。他们将在规定的位置安装上特定型号的传声器，将这些传声器的连线与前端接线盒相连，再将这些接线盒连接到位于转播综合区的转播车上（图 4-40）。体育赛事转播音频信号的采集比较复杂。在体育赛事转播的准备阶段，转播团队中的音频工作人员针对不同项目的体育赛事转播制订出不同的音频信号采集方案，而这些方案制订的依据则来源于对需要采集的音频信号的声源的不同层次分类，对声源进行合理分层后，就可以选择并在赛事现场布

**图 4-40　音频工作人员在安装、调试传声器**

置各种传声器了（图 4-41）。
体育赛事转播需要采集的声
响一般有公共广播扬声器
声；观众和啦啦队的掌声及
呼喊声；运动员的叫喊声和
喘息声；运动员的身体与器
械、地面、台面、水面等接
触所发出的声响；裁判发令
声以及教练员叫喊声等。

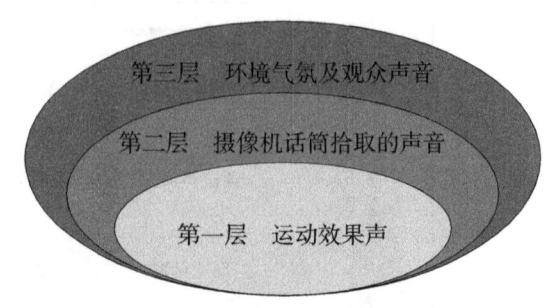

图 4-41　体育赛事转播的赛事现场声源分层示意图

　　如图 4-41 所示，在体
育赛事转播中，赛事现场的各种声音主要有运动效果声、摄像机话筒拾取的声音
和环境气氛及观众声音三大类。

### 1. 运动效果声

　　运动效果声，也就是比赛场地上发生的比赛细节声，主要是赛场上运动员在
做动作时与器械、地面、水面、边界遮挡物、对手身体、器械与器械等接触产生
的声音；运动员自身发出的声音；裁判员发出的指令和判罚的声音，以及教练员
的反应声等。这一层次的声音是体育赛事转播音频制作中最主要的声音。一般情
况下，这类声音是靠独立安装固定超指向性话筒或手持超指向性传声器拾取的
（图 4-42、图 4-43）。

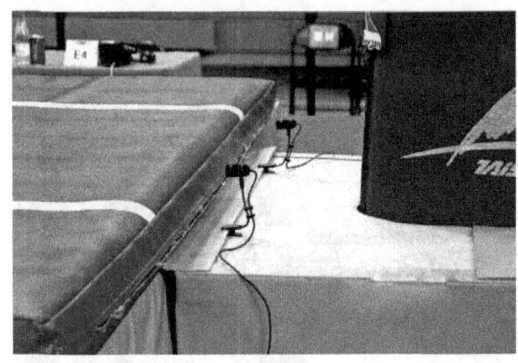

图 4-42　固定超指向性话筒采集赛场的运动声

图 4-43　手持超指向性传声器
采集赛场的运动声

## 2. 摄像机话筒拾取的声音

摄像机上一般都安装着立体声或单声道话筒，音频专家还可以根据需要在距离声源比较近的摄像机上安装具有强指向性的传声器，用来拾取与摄像机镜头相同方向的声音，这样就能采集到运动员近距离所发出的声音。可以说，摄像机话筒是音频工作人员取声的有效途径之一（图4-44）。

图 4-44 摄像机话筒采集来自赛场的运动声

## 3. 环境气氛及观众声音

声音主要来自观众的欢呼声及整个运动场的环境声，包括观众的助威呐喊、现场 PA、背景噪声，以及整个环境的混响声。这一层的声音能反映整个赛场的气氛，并对比赛场的信息和高潮迭起起烘托作用，是普通体育比赛转播必不可缺少的音效，同时也是奥运会、世界杯足球赛等世界著名体育赛事转播中国际声通道必不可少的音效。它在广播电台的转播中，为听众提供一个连续的比赛现场的信息和高潮迭起的氛围。通过对这层声音进行环绕声的处理，在体育赛事电视转播中与图像一起为电视观众提供一个逼真的临场感，它也因此成为环绕声中最重要的声源。这种声音是通过特别安装在看台区域和其上方的传声器来拾取的（图4-45）。

图 4-45 采集环境气氛和观众声音的传声器

基于各个项目体育赛事自身的特点，在转播中进行音频信号采集时应注意以下几点：

第一，在条件允许的情况下大量使用诸如微型领带全指向话筒、短枪立体声话筒、界面话筒、超窄指向性枪式话筒、微型领带全指向无线话筒、短枪话筒、微型悬挂全指向话筒、大膜片话筒、手持话筒等各种类型的传声器，尽可能地拾取赛场内所有可以拾取的运动声。在北京奥运会各个项目的赛事转播中就使用了大约 4000 支话筒采集音频信号。

第二，在转播中采集的运动效果声来自比赛场地，所以，为了保证所采集的音频信号的质量，应将传声器尽量靠近运动场地。有时，甚至应该把传声器的安放位置设计在运动员、教练员或裁判员身上。如果情况不允许，则可考虑安放在运动器械上及其附近（图 4-46）。

图 4-46　传声器在运动器械附近采集运动效果声

第三，体育比赛和体育赛事转播都应该以人为本，因此，传声器的安装首先考虑运动员的安全，其次才是尽可能采集到高质量的音视频信号，应尽量避免传声器被摄入镜头。故而，在体育赛事转播中应尽量使用微型传声器和界面传声器（图 4-47）以最大限度地保证运动员的安全。

图 4-47　体育赛事转播中使用的界面传声器

第四，如果在运动声移动范围较大的体育比赛项目的转播中，就需要使用传声器操作人员的音频信号采集方式，也就是操作人员手持枪式超指向型传声器，在移动中去跟踪移动声源，从而达到更准确地捕捉场内运动效果声（图 4-48）。

第五，在采集环境气氛和观众声音时，通常是在观众席上方吊装传声器采集无方向性场内稳定的环境声。这类环境声通常分

图 4-48　以手持跟踪方式采集移动的运动效果声

配给后环绕通道。

　　第六，在马拉松、公路自行车、公路竞走等超长距离赛道竞赛项目的转播中，一般分别在起点、赛道中段、终点采集环境声，并且根据比赛的进程，注意随时跟踪切换场景。

　　第七，在转播过程中，要以主摄像机位作为电视观众建立环境声场的依据，在观众席前方采集观众的反应效果，作为有方向感的环境声（图4-49）。此类环境声用于前方左右通道（王树森，2009年）。

图4-49　观众席前用于采集环境声的传声

　　第八，对于室外运动项目，传声器的摆放还要考虑防风、防雨等问题。这里需要注意的是，各种拾音传声器的摆放以给观众身临其境的听觉感受为出发点，是体育赛事转播中音频信号采集的一种相对保守但卓有成效的方法。这样做的目的就是要将电视观众置身于赛场前排位置，周围环绕着热情的观众。各种传声器的设置要勇于创新，根据不同的比赛项目，不断改进原有的拾音方式，总结出最佳的混音方案。例如，在排球、网球、乒乓球等隔网对抗的比赛中，可以将传声器挂于球网中间；在自行车比赛中，则可以考虑使用无线话筒，放在运动员的身上等。

　　在体育赛事转播过程中，除了专门设置的各个特定位置的传声器之外，各个机位的摄像机上一般都安装立体声或单声道传声器，这样就能采集到运动员近距离发出的声音，这些声音具有与所拍画面相吻合、一致的特点，避免了指向性话筒靠近运动员而造成的对比赛的影响。可以说，摄像机传声器是音频工程师拾音的好办法。这样，这些音频信号将同摄像机采集的视频信号一起直接传送到转播车上，而后再分配给调音台进行混合。由于在不同体育赛事转播中所用转播车的配置、规模有所不同，所以，音频信号的制作任务，有时由负责该场馆视频、音频制作任务的转播车完成，有时则由专门的音频机房内的专业设备来完成。若该场馆负责转播的转播车没有5.1环绕声制作系统，则会把这些接线盒直接连接到特地为该场馆临时搭建的音频机房内，因为，这些音频机房内安装有数字环绕声调音台，能够轻松完成制作任务。

### （二）声音的制作

#### 1. 电视国际声

通常情况下，大型世界性体育赛事转播提供的公用信号的音频信号包括一对立体声和一个 5.1 环绕声。

（1）电视立体声：目前，在全球高清电视播出未普遍的情况下，立体声信号是大型世界性体育赛事转播中音频制作的最重要信号。它的声像分配按照以下原则进行：听众的虚拟听音位置与运动场的主摄像机的位置一致，即位于主席台正前方，是运动场的物理中心。根据场上传声器拾音位置距离中线位置进行声像分配。它的声源主要由第一层传声器拾取的赛场上的运动效果声响和第二层摄像机的传声器拾取的音频信号组成。

（2）5.1 环绕声：在最近几届奥运会的转播中，国际奥委会要求转播机构提供带有 5.1 环绕声的公用信号。5.1 环绕声音频信号的制作与传统的单声道和立体声制作最大的不同发生在混录合成阶段。首先，需要对所转播的各种比赛提出准确的声像定位方案，其次，要遵从该项目的电视画面制作理念，根据对该项目的发声源及其声响特点的研究，结合分镜头表提供的表现程式，统筹考虑混音方案。因此，在混音时必须遵从如下原则：

第一，空间定位要稳定，通常整场比赛转播过程中保持不变；

第二，临场气氛效果声像要素的分配要均匀，尤其是其中的观众和啦啦队的喊叫声和公共广播声；

第三，运动声必须考虑位置和方向感，不能与电视镜头出现矛盾，尤其不能出现"左右"位置和运动方向的错误；

第四，运动声不要过大，过大会给电视观众不真实的感觉，甚至造成观看不快；

第五，运动声一定要按照实际情况分配在前方声像区域，除非该声响真的来自其他方向。

目前，大型世界性体育赛事的转播机构为各电视台提供的国际声一般都采用环绕声方式制作，即将包括一组各通道独立的 5.1 环绕声通道配置：左前通道、右前通道、中间通道、低音效果通道、左环绕声通道和右环绕声通道。为电视台提供的国际声将传输运动效果声、摄像机话筒拾取的声响和环境气氛和观众声等三层声源。目前，越来越多的授权转播机构喜欢将低频音效加入低音效果通道，以得到更好的视听效果。这种低频音效在拳击、摔跤、篮球、排球项目，以及大型世界性体育赛事的开闭幕式和颁奖仪式上被广泛应用。

### 2. 广播电台国际声

收听体育赛事广播的电台听众的虚拟听音位置与电视立体声基本相同，即位于主席台上方。但广播听众是看不见实时比赛的画面的，因此，提供给广播电台的国际声信号与提供给电视台的国际声是不同的信号。由于收听条件的限制，为电台提供的国际声将采用立体声方式，传送左右两路立体声信号。这种立体声信号主要是环境声音信号，也就是由处于第三层的特定传声器拾取的环境气氛和观众声。

### 3. 单边信号

如今，大型世界性体育赛事的转播已经呈立体化转播态势。在比赛前后，持权电视机构利用公共电视转播设备和通道进行现场报道和采访，以及新闻短片传送等。所以，就需要在比赛现场安装一支手持动圈话筒，提供给电视机构进行现场报道和采访使用，这支话筒的音频信号将会分配到立体声通道和环绕声的前置通道。而新闻短片传送则是持权电视机构把比赛前后自己进行拍摄的素材，经过简单剪接后，利用公共电视转播通道快速传送回去。由于立体化转播中单边采访非常频繁，所以，其音频信号通道的通畅十分重要，可谓牵一发而动全身。

### 4. 慢动作重放音频信号的处理

很多国际体育组织、大型体育赛事的组委会都对大型世界性体育赛事的转播公用信号制作的音频信号有明确、严格的技术规定。例如，根据北京奥林匹克转播有限公司要求，北京奥运会赛事转播制作的公用信号的音频信号，在赛后 5 分钟的赛事精选重放对声音的要求，是在原速重放时，需要有当时比赛的国际声，而在其他时段的赛事重放都是现场声。因此，转播团队中的音频工作人员将 EVS 的音频信号输入通道设置为固定记录某一部摄像机，而且，这部摄像机有机头话筒，音频工作人员把 EVS 的 CH1 / 2 输入连接为机头话筒采集的音频信号，CH3–CH8 则为环绕声信号。其他 EVS 音频输入通道为当时的 PGM 信号。

### （三）音频信号的传输

在大型世界性体育赛事的转播中，现场拾取的音频信号一般分为 4 种，它们采用不同的传输方法进行传输。

### 1. 比赛场地上传声器拾取的音频信号

在赛事转播过程中，如果所用转播车具备 5.1 环绕声混音条件，那么，比赛场地上传声器拾取的音频信号就会通过音频电缆传送至转播车上的调音台，作为电视台国际声的另一层音频信号源。假如所用转播车不具备 5.1 环绕声的混音条件，比赛场地上传声器拾取的音频信号就要首先通过音频电缆传送到音频机房（图 4–50）的调音台，与其他

图 4–50  体育赛事转播中用于混音的音频机房

层次的信号源混合后，再一同送回转播车进行嵌入视频处理。

### 2. 各机位摄像机上传声器拾取的音频信号

转播中各机位摄像机上传声器所拾取的音频信号通过"音频嵌入视频"的方式，直接经过摄像机电缆与视频信号一起传输到转播车，假如该转播车具备 5.1 环绕声混音条件，这些传声器拾取的音频信号就会与硬盘录像机重放的音频信号编成一组信号，作为电视台国际声的一层信号源。若该转播车不具备 5.1 环绕声混音条件，各机位摄像机上传声器采集的音频信号就要首先在转播车上进行解嵌和数 / 模转换处理，然后再将模拟音频信号通过音频电缆，从转播车传送至音频机房的调音台，与其他层次的信号源混合后，再一同返回转播车进行嵌入视频处理。

### 3. 观众席上传声器拾取的音频信号

观众席上传声器拾取的音频信号，在当承担该赛事转播任务的转播车具备 5.1 环绕声混音条件时，就通过音频电缆传送至转播车上的调音台，作为电视台国际声的又一层信号源。假如该转播车不具备 5.1 环绕声混音条件，观众席上传声器拾取的音频信号就要首先通过音频电缆传送到音频机房的调音台，待与其他层次的信号源混合后，再一同送返转播车进行嵌入视频处理。

### 4. 硬盘录像机重放的音频信号

作为在体育赛事转播中特有的一种音频信号，硬盘录像机重放的音频信号将

会单独分为一组，在转播车或音频机房内与其他层次的信号混合后进行嵌入视频处理。根据各大国际体育组织相关技术标准的要求，这一音频信号也是 5.1 环绕声的重要组成部分。这里还必须指出的是，在体育比赛现场的体育展示和赛场扩声的音频信号也是体育转播的国际声中的组成部分。这部分音频信号将由体育场馆的体育展示系统直接传输至转播车或音频机房，而音频工作人员则将根据现场的情况，决定该部分音频信号混合到国际声中的比例与时机。

在大型体育赛事的转播中，以上各种音频信号包括体育展示和赛场扩声的音频信号，都将分别混合成电视台 5.1 环绕声、电台立体声，作为主国际声信号送往国际广播中心。其中，电视台国际声是嵌入在高清视频通道里传输到国际广播中心的主控机房（图 4-51）。而电台国际声则首先由转播机房送到评论声机房，与评论声和通话声通过四线系统传送至国际广播中心的切换机房（图 4-52）。然后，国际声信号再从主控和切换中心分别分配给各个持权电视和电台转播商。在国际广播中心专门设有一间环绕声监听机房，在转播过程中有音响专家专门值守，负责监听各个比赛场馆传来的国际声环绕声和立体声信号的质量。

图 4-51 国际广播中心的主控机房

图 4-52 国际广播中心的切换机房

## 五、电视转播车的通话系统

在体育赛事转播中，转播车与现场保持紧密联系的方式是一套通话系统，特别是一些容易被忽视的地方，如灯光、音响、舞台、主持人等，通话系统就是参与转播的工作人员在实况转播期间进行信息交流的技术系统。一套好的通话系统能减少很多麻烦。通话系统在电视转播系统中非常重要，导播对拍摄镜头、音响和灯光的要求，以及各部门的协调都通过通话系统来完成。通话系统的好坏将直接影响电视节目的制作质量。在节目制作尤其是体育赛事的现场直播中，通话的作用非常重要。此时，以导播为中心的完备的通话系统将为导播与导播助理、调音师、技术人员、摄像师、主持人及现场工作人员提供交流的有利条件。2008年北京奥运会之后，为了适应越来越多的大型体育赛事转播的制作需要，我国很多电视媒体都购置了大型高清数字转播车，而为了保证赛事转播的顺利进行，则需要为这些转播车设计一套适合大型体育赛事转播特点的通话系统。目前，对体育赛事直播的要求越来越高，直播的场景已由以前仅限于赛场拓展到海上、空中等复杂的多个点的直播场景。与此同时，利用无线摄像机进行海上拍摄或航拍等先进的直播技术手段也大量应用在体育赛事直播中，而立体化直播中出现的大量单边采访也对通话系统的容量和质量提出了更高要求，与此同时，通话方式也更加多样。所有这些，都要求转播车的通话系统具有音频通话质量良好、系统配置灵活、功能强大，以及较好的可扩展性特点。

### （一）大型数字转播车通话系统

相较于中小型转播车和演播室的通话系统，在体育赛事转播中频繁使用的大型数字转播车的通话系统具有以下鲜明特点：

#### 1. 空间跨度较大

体育赛事尤其是一些大型综合性运动会、公路自行车、公路竞走、马拉松等，具有距离较远，空间跨度大，参与人员较为分散且活动范围大的特点，这就需要转播车能够及时提供适合的悠闲和无线通话系统来保持联络通畅，尤其是在大型比赛场馆使用频率很高的无线通话系统要保持正常。因此，该系统一定要保证足够的功率，防止各种信号干扰并事先做好频率的分配与协调工作。

#### 2. 通话方式繁多

为了保证直播的联络畅通，体育赛事转播团队会以转播车为核心进行通话系统的布置。转播车通话系统用于导演、现场导演、摄像、灯光、音响、转播车上技术各工位之间的联络；转播车和传输、电力保障部门之间用对讲机联络；转播车和播出部门之间采用固定电话和手机联络。如果转播车、传输、电力保障、播出相互之间联络十分频繁，可以用租用电信部门专用线路的方式解决，以利于统一调度。以上众多的通话联络需求要采取不同的通话方式来实现，且要求通过控制面板与专业软件能离线或在线迅速改变通话系统的配置，以达赛事转播的通话需求。

### 3．通话系统容量大

由于体育赛事转播的工作人员较多，各工位人员的通话需求较大，故而，用于赛事转播的转播车通话系统的容量往往会比中小型转播车和演播室的通话系统大得多。

### 4．可扩展性较强

体育赛事转播中的单边报道、现场评论等特有的报道形式，使得转播车应当能够进行诸如多车级联时的通话扩展，以适应不同赛事转播中的评论席、多个单边注入点等的通话需求。

### （二）转播团队与转播车实时通话

在体育赛事转播中，根据转播团队成员所在的不同工作区域，他们与转播车相关的主要有以下通话需求：

### 1．评论席上

负责制作解说音频信号的解说评论员、嘉宾、评论编导，在转播进行中需要与转播车上的导播、评论席机房的技术人员，以及国际广播中心演播室的导演通话。

### 2．观众席上

负责采集视音频信号的各机位摄像师在转播进行中需要与转播车上的导播和音频主管通话。

### 3．在比赛场地内

负责采集视音频信号的各个机位上的摄像师、传声器操作员，需要在转播进行中与转播车上的导播和音频主管通话。

### 4．各个单边注入点上

负责采集比赛前后赛场的视音频信息的摄像师、信息联络官、出镜主持人在转播进行中，需要与单边转播车上的或者演播室的导播通话。

### 5．转播混合区中

负责采集赛后运动员的视音频信息的摄像师、信息联络官、采访记者，在转播进行中需要与单边转播车上或演播室的导播通话。

### 6. 转播车上

负责制作国际公用信号的转播导播、视频导播、音频导播在转播进行中，需要与转播机房技术主管、国际广播中心的质量控制中心通话。

### 7. 转播机房中

负责采集和传输国际信号的技术主管、运行工程师和节目插播操作人员，在转播进行中需要与转播车上的视频、音频主管和国际广播中心的主控、评论声切换中心通话，其中节目插播操作人员还要直接同计划插播节目的转播商进行插播前后的通话。

### 8. 动画和字幕制作间

负责制作动画和字幕信号的动画制作师，在转播进行中需要与转播车导播和视频导播通话。

### 9. 音频机房中

负责制作 5.1 环绕声信号的环绕声混音师在转播进行中需要与转播车导播和音频导播通话。

### 10. 节目质量控制中心 PQC

负责监视、监听从场馆送来的国际信号的总监、导演，转播进行中需要与转播车的导播、国际广播中心的运行指挥中心等岗位通话。

不难看出，大部分赛事转播的工作岗位都需要及时进行实时通话，而且通话的对象不止一方。因此，转播车的内部通话系统十分繁杂，由此可以根据其不同特点采用以下不同的通话设备实现通话沟通的目的：

（1）摄像机通话系统：由于赛事导播、相关技术人员和转播中各机位摄像师之间通话方式有所不同，因此，在构建摄像机通话系统时一般采用两种方式将这些摄像机接入通话矩阵，一是"一对多"通话方式，即导播通过通话矩阵的一个点与各机位摄像师通话联络；二是"一对一"通话方式，转播车上的相关技术人员在整个转播（包括在转播现场的转播准备阶段）中时常会一对一地同对某一位摄像师解决有关技术问题，即在通话基站（i-station 面板）上与任意一位摄像师通话而不影响其他摄像师。

（2）通话基站：在体育赛事转播中，除了赛事导播、相关技术人员和转播中各机位摄像师之间有通话需求之外，其他各工位也有各种各样的通话需求。此时，将使用通话基站（i-station 系列面板）来解决通话问题。例如，鉴于导播和相关技术人员在转播中需要指挥、协调的工作人员较多，为了方便通话，可以采用 i1430 通话面板结合扩展面板的方式满足赛事导播与相关技术人员的通话需求。

（3）无线通话系统：随着体育赛事立体化转播的盛行，赛事转播愈加繁复，转播需要覆盖的场地越来越大，转播中需要调度的环节也越来越多，转播车已有的有线通话系统已不能完全满足通话需求，因此，还需要配置无线通话系统。一般情况下，转播中使用的无线通话工具有手机、对讲机和无线通话基站。

电视转播车在体育赛事转播中具有关键性作用，它是整个转播活动和转播团队最为重要的技术与设备保障。随着电子技术的不断发展，转播车已呈现全面数字化的发展态势。

## 思考题

1. 电视转播车在体育赛事转播中的作用与地位如何？
2. 电视转播车由哪些技术系统组成？
3. 电视转播车的未来技术发展趋势是怎样的？

# 第五章　体育赛事转播个案分析

【本章提要】在体育赛事转播中设备配置、机位设置与分工最为重要，决定了整个转播的成败。本章将分别对足球、篮球、排球、网球、游泳等世界主流运动赛事转播中各机位摄像机职责进行解析，反映这些赛事转播的核心要素。

体育赛事转播的关键在于其机位设置、各机位设备配置和各机位摄像机的职责，因此赛事导播必须在转播前对转播团队中的相关人员明确机位设置、各机位设备配置与各机位摄像机职责，才能保证转播的顺利进行。

## 第一节　足球赛事转播分析

足球，毫无争议的世界第一运动，从诞生之日起就无时无刻不受万众瞩目。在体育赛事的电视转播节目中，超过一半是足球赛事转播，足见作为世界第一运动的足球是多么地为电视媒体和观众所青睐。

### 一、足球赛事转播的设备配置

足球比赛的对抗性强、战术复杂多变、比赛场地大、参赛球员多等特点，决定了足球赛事转播既要体现出球员的战术配合，又要适时反映犯规、进球、险情、精彩扑救等关键细节。因此，在足球赛事转播中需要设置多个机位以反映其全貌。

#### （一）足球赛事转播的总体设备配置

目前，在大型足球赛事转播中至少会用到 10 个以上的机位，2010 年南非世界杯的转播机位甚至达到了 30 个，超过了 2006 年德国世界杯 29 个机位的纪录。其中，有超过 16 台摄影机进行细节追踪，这些摄像机包括大型摄像机、超级慢动作摄像机、斯坦尼康摄像机、微型摄像机、摇臂式摄像机，可谓无缝覆盖。这届世界杯的转播精确度，甚至连每个球员脚部射门触球的一瞬间都能提供清晰的慢镜头。如今，凡是洲际以上足球赛事的电视转播一般都会采用高清数字转播车，这些转播车配备了高清高速摄像机、高清摄像机，以及小型或微型球门摄像机和迷你摄像机。车内大致分为 6 个工作区，较为宽敞。每辆车配有两个大型切换台。在转播中各机位摄像机的镜头倍数分别为：22 倍、87 倍、75 倍、55 倍、20 倍、75 倍、75 倍、42 倍、33 倍、87 倍、20 倍广角、55 倍广角。

（二）足球赛事转播的机位配置与分工

足球赛事转播需要多个机位来反映其全貌，每个机位摄像机的功能与拍摄画面虽有不同，但都从不同角度、不同层面表现出足球比赛的动人魅力。足球赛事转播的机位和其配置与分工如图 5-1 和表 5-1 所示。

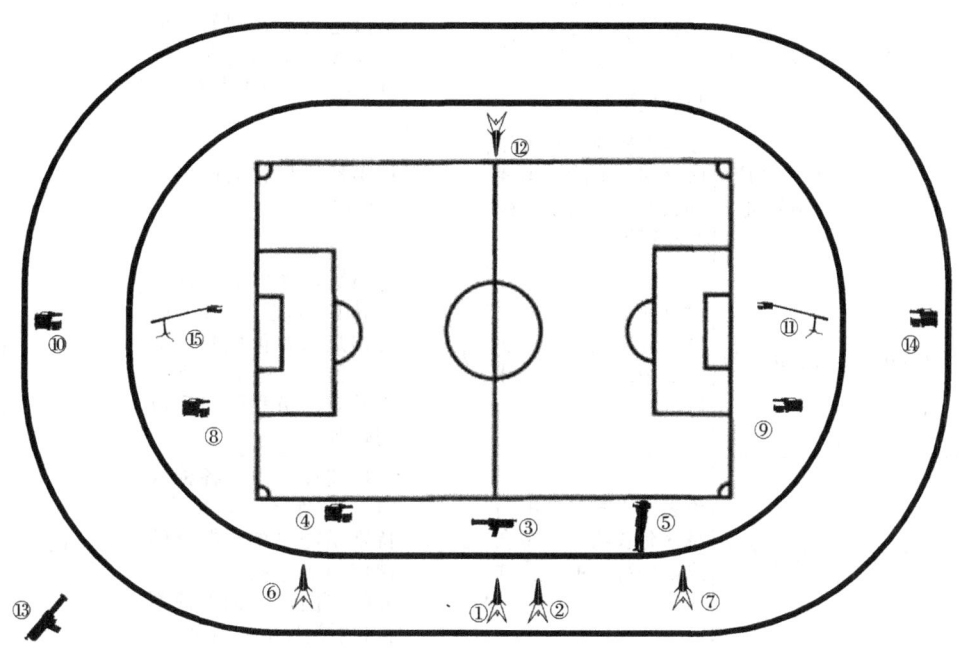

图 5-1　足球赛事转播机位

通过图 5-1 不难看出，在足球赛事转播中架设在比赛场地内各个位置的摄像机各司其职，因而各个机位摄像机的类型、镜头倍率大小、拍摄任务、拍摄景别与分工也不同（表 5-1）。

表 5-1　足球赛事转播机位配置与分工

| 摄像机编号 | 类型 | 机位说明 | 镜头 | 拍摄任务 | 景别 |
|---|---|---|---|---|---|
| CAM1 | 大型摄像机 | 设置在球场中线高位，也就是球场中线的延长线上 | 22倍 | 从高处拍摄比赛场地的中间部位，拍摄的是全场比赛的画面，负责提供主要的转播信号——主要为全景 | 全景 |
| CAM2 | 大型摄像机 | 设置在球场中央高位，与1号机并排 | 87倍 | 拍摄较近的中场画面，即负责提供转播中的诸如犯规、角球、任意球等画面 | 中景、近景 |
| CAM3 | 大型摄像机 | 位于与球场水平的中线位置，即球场中线延长线处，不超过替补席的前端。视线与球场平行 | 75倍 | 提供高质量近景、特写和反应镜头 | 近景、特写 |
| CAM4 | 小型摄像机 | 位于替补席和角球区之间，不能遮挡替补席的观察角度。视线与球场平行 | 55倍 | 拍摄运动员之间的谈话以及教练员的情况，以近景和反应镜头为主 | 近景 |
| CAM5 | 斯坦尼康摄像机 | 设置在替补席和角球区之间，不能遮挡替补席的观察角度。视线与球场平行 | 20倍 | 拍摄教练员席的近景和反应镜头 | 近景 |
| CAM6 | 大型摄像机 | 设置在1号机左侧罚球区延长线上、观众席的中部，面对罚球区 | 75倍 | 拍摄罚球区内的各种攻防转换情况，如越位，特别是需要重放慢镜的越位镜头，还有最近一方的守门员和射门反应的画面 | 近景 |
| CAM7 | 大型摄像机 | 设置在1号机右侧罚球区延长线上、观众席的中部，面对罚球区 | 75倍 | 拍摄罚球区内的各种攻防转换情况，如越位，特别是需要重放慢镜的越位镜头，还有最近一方的守门员、助理裁判员和射门反应的画面 | 近景 |
| CAM8 | 小型摄像机 | 位于球场左侧球门后 | 42倍 | 拍摄罚球区内的各种攻防转换情况，以犯规及射门为主，重点负责进攻的慢动作重放镜头，加上反应镜头 | 全景、特写 |

（续表）

| 摄像机编号 | 类型 | 机位说明 | 镜头 | 拍摄任务 | 景别 |
|---|---|---|---|---|---|
| CAM9 | 小型摄像机 | 位于球场右侧球门后 | 33倍 | 拍摄罚球区内的各种攻防转换情况，以犯规及射门为主，重点负责进攻的慢动作重放镜头，加上反应镜头 | 全景、特写 |
| CAM10 | 大型摄像机 | 设置在左侧球门后方的高位 | 87倍 | 主要拍摄进攻的慢动作重放镜头，其中以犯规及射门为主，再加上反应镜头 | 全景、特写 |
| CAM11 | 摇臂摄像机（广角） | 位于球场右侧球门后 | 20倍广角 | 重点拍摄进攻的慢动作重放镜头，加上反应镜头 | 全景 |
| CAM12 | 大型摄像机 | 位于主看台对面看台的高位 | 100倍 | 负责拍摄任何行为的反方向角度的镜头，如教练员、第四官员、主看台观众席中的重要来宾等画面 | 近景、特写 |
| CAM13 | 微型摄像机 | 位于足球场最高处 | 8倍 | 拍摄体育场全景 | 远景 |
| CAM14 | 大型摄像机 | 设置在右侧球门后方的高位 | 87倍 | 主要拍摄进攻的慢动作重放镜头，其中以犯规及射门为主，再加上反应镜头 | 全景、特写 |
| CAM15 | 摇臂摄像机（广角） | 位于球场左侧球门后面 | 20倍广角 | 重点拍摄进攻的慢动作重放镜头，加上反应镜头 | 全景 |

## 二、各机位摄像机职责

在足球赛事转播中，各个机位的摄像机所拍摄的内容和景别是不一样的，这些都必须在转播正式开始前，由导播向摄像师进行仔细讲解并进行演练，因为体育赛事电视转播的画面非常重要。

### 1. 1号机位

1号机（CAM1）配有22倍镜头，架设于观众席的最高处，在足球场中线的延长线上。主要拍摄景别为大全景，以摇镜头为主。从整体上体现比赛双方的攻防转换、球员站位、阵型保持情况。作为导演的切换中心，应贯穿整场比赛，始终可用。在开场前、半场结束、终场结束时均要拉成大全景。而在比赛进行中镜头则应主要覆盖到整个球场的大约1/3的区域，不能推得太近，要与2号机景别有明显的区分（图5-2）。这个机位要求摄像机在推拉过程中必须平稳、顺畅，由于这是一个安全镜头，导播随时可能切换到这个机位。这里需要特别注意的是，在角球、球点球、任意球时，画面中要有罚球队员等攻方球员、防守人墙等守方球员，以及守门员和球门。1号机不能推得太近，更不能丢球，故而在拍摄中一直要将场上运动着的足球置于画面中。该机位的拍摄景别不能与2号机景别相同，而景别要大于2号机（图5-3）。

图5-2　比赛进行中1号摄像机罩住
整个球场的大约三分之一区域

图5-3　1号摄像机所拍
比赛开始时的大全景画面

### 2. 2号机位

2号机（CAM2）配有87倍镜头，位于观众席的最高处，与1号机并排。主要拍摄球员集体画面相对较小的小全景或单个球员镜头，在拍摄中一直要时刻跟住球，给导演提供随时都能切换的镜头。具体地讲，该机位负责拍摄的画面较多，任务繁重。例如，比赛开球之前，奏参赛两队国歌时，一方球员的全景；比赛开球时，位于足球场中圈内的两队球员的全景或足球特写；踢罚球点球时，需要为导播提供主罚球点球的球员和球、守方守门员和球、球罚出后及时跟住球，为导播提供合格的慢动作重放镜头；场上出现进球后，及时为导播提供进球球员的中景和近景镜头（图5-4），或进球一方几名球员相互庆贺的中景镜头，以及守门员开球后，两队争抢头顶球的两位球员的中景镜头、被进球守门员的中景镜头（图5-5）；场上一方出现越位后，近端和远端的助理裁判员也将由2号机拍摄其举旗动作的相关镜头（图5-6）。任意球时，该摄像机需要为导播提供主罚任意球球员和球、防守人墙、

图5-4　2号摄像机所拍
进球球员的近景画面

守方罚球区内守方和攻方球员（图5-7），以及守方守门员和球门等镜头。任意球
发出后则应及时跟住球，为导播提供合格的慢动作重放镜头。角球时，需要为导
播提供守方球门区内攻守双方球员（图5-8）、守方守门员和球门等镜头，角球发
出后应及时跟住球，为导播提供合格的慢动作重放镜头。掷界外球时，为导播提
供近、远端掷界外球球员的中景和近景镜头。场上出现犯规时，为导播提供合格
的犯规慢动作重放镜头，比赛停止时，为导播提供犯规球员的中景和近景镜头。

图5-5  2号摄像机所拍
守门员的中景画面

图5-6  2号摄像机所拍
助理裁判员举旗的中景画面

图5-7  2号摄像机所拍
任意球时攻防双方球员的全景画面

图5-8  2号摄像机所拍
角球时攻防双方球员的全景

### 3. 3号机位

3号机（CAM3）配有75倍镜头，架设于跑道正中的球场中线延长线处，低
机位，不超过替补席的前端。主要拍摄参赛两队入场时，负责提供两队球员的中
景和近景镜头（图5-9）；奏两队国歌时，两队球员的中景和近景镜头；比赛进
行时，两队球员的全景或有球队员的全景镜头（图5-10）；比赛停止时，攻方球
员的近景镜头；开球时，可以提供足球的特写镜头，为导播切换提供全景与近景

之间的过渡镜头；场上出现进球后，进球球员的近景或特写镜头（图 5-11）；场上出现犯规时，负责拍摄犯规场面的慢动作重放镜头（图 5-12）；任意球时，任意球罚出后及时跟人以提供慢动作重放镜头（图 5-13）。此外，场上出现换人时，被替换下场的球员的近景镜头（图 5-14）。

图 5-9　3 号摄像机所拍
双方球员进场的中景画面

图 5-10　3 号摄像机所拍
两队球员的全景画面

图 5-11　3 号摄像机所拍
进球球员的近景画面

图 5-12　3 号摄像机所拍
犯规场面的慢动作重放镜头

图 5-13　3 号摄像机所拍
任意球时的慢动作重放镜头

图 5-14　3 号摄像机所拍
被替换下场的球员的近景画面

### 4. 4号机位

4号机（CAM4）配有55倍镜头，位于足球场地左侧替补席与角球区之间，但不能遮挡替补席的观察角度。主要拍摄角球时，主罚球员的全景、中景与近景（图5-15）、守方守门员的中景和近景、攻守双方球员争夺头顶球之前的相互推搡；罚球点球时，主罚球员和足球、守方守门员和足球、球点球罚出后跟拍足球为导播提供慢动作重放镜头；场上出现进球后，进球球员的近景与特写（图5-16）；任意球时，主罚球员和防守人墙的中景、全景与近景（图5-17），以及攻守双方球员争夺头顶球之前的相互推搡；边路进攻时，本侧近端局部攻防的全景画面（图5-18），以及4号机附近球员掷界外球的中景画面（图5-19）。

图5-15 4号摄像机所拍
主罚角球球员的全景画面

图5-16 4号摄像机所拍
进球球员的近景画面

图5-17 4号摄像机所拍
任意球时主罚球员的全景画面

图5-18 4号摄像机所拍
位于近端的边路局部攻防的全景画面

图5-19 4号摄像机所拍
位于近端的球员掷界外球的中景画面

### 5. 5号机位

5号机（CAM5）配有20倍镜头，安装在斯坦尼康减震背心上，流动拍摄。位于足球场地边右侧替补席与角球区之间，但不能遮挡替补席的观察角度，视线与球场平行。主要拍摄当奏两队国歌时，提供双方出场球员的近景镜头（图5-20）；比赛中，用人全景跟住足球（图5-21）；角球时，跟拍踢角球球员的全景画面（图5-22）；边路进攻时，本侧近端的局部攻防的全景画面（图5-23），以及5号机附近球员掷界外球的中景画面（图5-24）。赛后的单边采访也可使用该机位。

图5-20　5号摄像机所拍奏国歌时球员的近景画面

图5-21　5号摄像机
用人全景跟住球员和足球

图5-22　5号摄像机跟拍
踢角球球员的全景画面

图5-23　5号摄像机所拍
位于近端的边路局部攻防的全景画面

图5-24　5号摄像机所拍
位于近端的球员发边线球的中景画面

## 6. 6号机位

6号机（CAM6）配有75倍镜头，位于1号机左侧罚球区延长线观众席的较高处。主要拍摄比赛中出现进球、险情、犯规等情况时，观众反应的全景画面（图5-25），以及左半边球场的越位犯规情况，因此，其提供的画面应是大全景，必须包容最后一名防守队员和传球的位置关系。此外，该机位还要负责左半边球场球门区附近犯规的慢动作回放镜头，主要是用全景镜头交代是否在罚球区内有犯规（图5-26）。在发角球时，该机位摄像机要用大全景交代清楚位于角旗附近的球与踢球队员、守门员、守方队员、攻方队员（位于守方罚球区内的）、球门的关系（图5-27）。场上若出现进球，6号机要负责进球慢动作。比赛结束后，该机位要及时为导播提供现场球迷的全景反应镜头（图5-28）。

图5-25　6号摄像机所拍
观众反应的全景画面

图5-26　6号摄像机所拍
球员犯规的全景画面

图5-27　6号摄像机所拍
角球时罚球区内双方球员站位情况的大全景画面

图5-28　6号摄像机所拍
观众反应的大全景画面

### 7. 7号机位

7号机（CAM7）配有75倍镜头，位于1号机右侧罚球区延长线观众席的较高处。主要拍摄比赛中出现进球、险情、犯规等情况；赛前球员出场、升国旗、奏国歌时，观众反应的全景与近景画面（图5-29），以及右半边球场的越位犯规情况，因此，其提供的画面应是大全景，必须包容最后一名防守队员和传球的位置关系（图5-30）。

图5-29　7号摄像机所拍观众反应的近景画面　图5-30　7号摄像机所拍禁区附近的大全景画面

此外，该机位还要负责右半边球场球门区附近犯规的慢动作回放镜头，主要是用全景镜头交代是否在罚球区线内有犯规（图5-31）。在发角球时，该机位摄像机要用大全景交代清楚位于角旗附近的球与踢球队员、守门员、守方队员、攻方队员（位于守方罚球区内）、球门的关系（图5-32）。场上若出现进球，7号机还要负责进球慢动作回放。比赛结束后，该机位要及时为导播提供现场球迷的全景反应镜头（图5-33）。

图5-31　7号摄像机所拍右半边球场罚球区附近犯规的慢动作镜头回放

图5-32　7号摄像机所拍角球时罚球区内双方球员站位情况的大全景画面　图5-33　7号摄像机所拍观众反应的全景画面

### 8. 8 号机位

8 号机（CAM8）配有 42 倍镜头，位于足球场左侧球门的后右侧，与球场水平。主要用于拍摄左侧罚球区内的各种攻防转换情况（图 5-34）。例如，用全景或近景拍摄踢球门球队员或罚球区内争抢头顶球、罚球区内的犯规，以及射门得分的慢动作镜头（图 5-35）。

图 5-34　8 号摄像机所拍角球时门前
攻防双方球员站位情况的全景画面

图 5-35　8 号摄像机所拍
射门得分的慢动作全景画面

### 9. 9 号机

9 号机（CAM9）配有 33 倍镜头，位于足球场右侧球门的后左侧，与球场水平。主要用于拍摄右侧罚球区内的各种攻防转换情况（图 5-36、图 5-37、图 5-38、图 5-39）。例如，用全景或近景拍摄踢球门球队员（图 5-40）或罚球区内争抢头顶球、罚球区内的犯规（图 5-41），以及射门得分的慢动作镜头。

图 5-36　9 号摄像机所拍
倒地球员的近景画面

图 5-37　9 号摄像机所拍
在球门线附近球员拼抢的全景画面

图 5-38　9 号摄像机所拍角球时，门前攻守双方
球员在远端球门柱前射门的慢动作全景画面

图 5-39　9 号摄像机所拍
球员站位情况的全景画面

图 5-40　9 号摄像机所拍
守门员踢球门球的全景画面

图 5-41　9 号摄像机所拍
犯规瞬间的近景画面

## 10. 10 号机位

10 号机（CAM10）配有 87 倍镜头，位于足球场左侧球门后观众席的中部。
主要负责拍摄球场左边半场的慢动作回放镜头，例如，从足球发出至球员反应再
到结束，以及纵向进攻的慢动作回放镜头（图 5-42）。也就是说，负责拍摄球场
左边半场内的各种攻防转换情况（图 5-43）。

图 5-42　10 号摄像机所拍
纵向进攻的慢动作全景画面

图 5-43　10 号摄像机所拍
足球场的大全景画面

### 11. 11 号机位

11 号机（CAM11）是配有 20 倍广角镜头的摇臂摄像机，位于足球场右侧球门后。主要负责拍摄当出现射门时，通过摄像机的升降运动为导播提供视点连续变化和富于冲击力的画面，以及当出现本侧球门区附近的任意球时，要拍摄球、球门与攻守双方球员位置关系的镜头。此外，摇臂摄像机还需负责提供摇臂本侧球门区两侧角球的慢动作回放镜头（图 5-44）。

图 5-44　11 号摄像机所拍
角球时门前攻守双方球员站位情况的全景画面

### 12. 12 号机位

12 号机（CAM12）配有 100 倍镜头，位于和 1 号机相对应的位置，即在足球场中线的延长线上，架设于 1 号机对面观众席的最高处，这是一个用于越轴的、反角度拍摄的机位。主要负责拍摄比赛开始前双方球员出场时，提供反角度全景画面；比赛进行中教练员（图 5-45）、第四官员、替补席的近景画面（图 5-46），以及主席台上重要来宾（图 5-47）、球员亲朋的中景或全景，还需要拍摄 1 号机远端犯规球员的全景或特写，并能适时提供助理裁判员举牌、换人、加时，以及上场、离场球员等画面（图 5-48）。

图 5-45　12 号摄像机
反角度拍摄的教练员中景画面

图 5-46　12 号摄像机
反角度拍摄的替补球员的近景反应镜头

图 5-47 12 号摄像机
反角度拍摄的重要来宾的中景画面

图 5-48 12 号摄像机
反角度拍摄的替换上场球员的中景画面

### 13. 13 号机位

13 号机（CAM13）是配有 8 倍广角镜头的微型摄像机，位于足球场对角线位置的最高处（一般在球场的西北角），主要拍摄比赛开始前、中场休息时、比赛结束时观众和现场气氛等大全景画面，利于导播在屏幕上打出参赛名单、技术统计等相关字幕（图 5-49）。

图 5-49 13 号摄像机
所拍足球场大全景画面，主要用于叠加字幕

### 14. 14 号机位

14 号机（CAM14）配有 87 倍镜头，位于足球场右侧球门后观众席的中部。主要负责拍摄球场右边半场和少量球场远端各种攻防转换情况的慢动作回放镜头，例如，从足球踢出至反应再到结束，以及纵向进攻的慢动作回放镜头。也就是说，负责拍摄球场右边半场内和少量球场远端的各种攻防转换情况（图 5-50）。

图 5-50 14 号摄像机
所拍球场远端纵向进攻的慢动作全景画面

### 15. 15号机位

15号机（CAM15）是配有20倍广角镜头的摇臂摄像机，位于足球场左侧球门后。主要负责拍摄当场上出现射门时，通过摄像机的升降运动为导播提供视点连续变化和富于冲击力的画面（图5-51）；当出现本侧球门区附近的任意球时，提供足球、球门与攻守双方球员位置关系的镜头，以及拍摄球场纵向上的各种攻防转换情况（图5-52）和本侧球门区两侧角球的慢动作回放镜头。

图5-51 15号摄像机
所拍射门瞬间的慢动作全景画面

图5-52 15号摄像机
所拍进攻时的全景画面

在以上各个机位中，通常导播都会安排转播团队中最有经验的摄像师来执掌1号、2号、3号机。因为在整个足球比赛转播中，导播经常会用到这三台机位的画面。对1号机的要求是流畅、完整、平稳地反映比赛的进程，即随时要跟住足球；2号机由于是1号机和3号机的过渡，所以需要执机摄像师随时保持与导播的通畅交流；3号机的镜头倍数较大，而其摄像师又必须非常准确、迅速地寻找拍摄对象（主要为球员）并跟焦，所以，这个机位的摄像师一般都是长期固定的人选，这样才能非常熟练地完成导播交办的拍摄任务。当然，其他机位，如11和15号机位的摇臂摄像机、5号机位的斯坦尼康摄像机等也要经过长时间的实战演练，才能掌握其操作要领并熟练运用。

# 第二节 篮球赛事转播分析

100多年前，奈·史密斯教授发明了篮球，而今天这项运动已经成为最受欢迎的运动项目，可见篮球运动发展速度之快。目前，世界上水平最高、影响最大的篮球赛事主要有美国的NBA职业篮球联赛、奥运会篮球比赛和世界篮球锦标赛。

## 一、篮球赛事转播的设备配置

篮球比赛的对抗性强、战术复杂多变、参赛球员较多等特点，决定了篮球赛事转播既要体现出球员的战术配合，又要适时反映犯规、得分、精彩攻防配合等关键细节。因此，在篮球赛事转播中需要设置多个机位来反映其全貌。

### （一）篮球赛事转播的总体设备配置

目前，在篮球赛事转播中至少会用到10个以上的机位，美国NBA职业篮球联赛的转播机位甚至达到了29个，远远超过奥运会篮球比赛的转播机位数目。2004年雅典奥运会男子篮球决赛的转播机位也多达16个，其中包括大型摄像机、高速摄像机、斯坦尼康摄像机、微型遥控摄像机、摇臂式摄像机等多类摄像机。目前，世界性篮球赛事的转播精确度，甚至连每个球员手部触球的一瞬间都能提供清晰的慢镜头。如今，凡是洲际以上篮球赛事的电视转播一般都会采用高清数字转播车，这些转播车配备了高清高速摄像机、高清摄像机，以及小型或微型遥控摄像机和迷你摄像机。车内大致分为6个工作区，较为宽敞，并且，每辆车都配有两个大型的切换台，能够使导播非常容易地从多达10多路视频信号中从容选择、切换出最佳的比赛画面。

### （二）篮球赛事转播的机位配置与分工

篮球赛事转播需要多个机位来反映其全貌，每个机位摄像机的功能与拍摄画面虽有不同，但都从不同角度、不同层次表现出篮球比赛的动人魅力。篮球赛事转播的机位和其配置与分工如图 5-53 和表 5-2 所示。

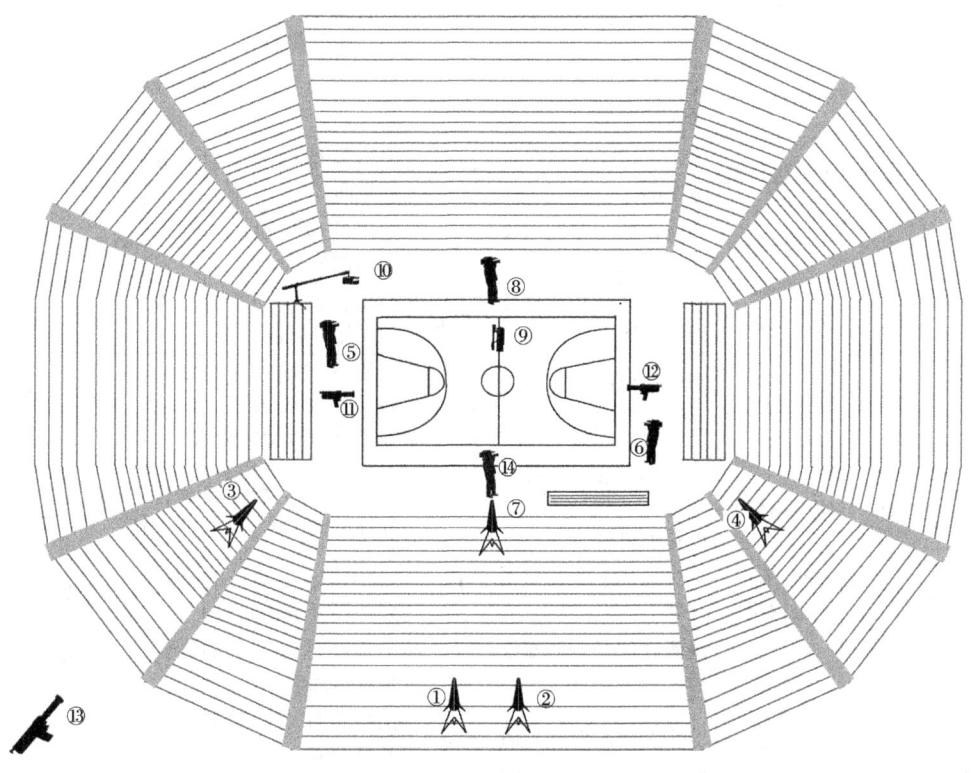

图 5-53 篮球赛事转播机位

通过上图不难看出，在篮球赛事转播中架设在比赛场地内各个位置的摄像机各司其职，因而各个机位摄像机的类型、镜头倍率大小、拍摄任务、拍摄景别与分工也不同。

表 5-2 篮球赛事转播机位配置与分工

| 摄像机编号 | 类型 | 机位说明 | 镜头 | 拍摄任务 | 景别 |
|---|---|---|---|---|---|
| CAM1 | 大型摄像机 | 设置在球场中线的高位，也就是球场中线的延长线上 | 55 倍 | 从高处拍摄比赛场地的中间部位，拍摄全场比赛的画面，负责提供主要的转播信号——主要为全景 | 全景 |

**(续表)**

| 摄像机编号 | 类型 | 机位说明 | 镜头 | 拍摄任务 | 景别 |
|---|---|---|---|---|---|
| CAM2 | 大型摄像机 | 设置在球场中央的高位，与1号机并排 | 55倍 | 拍摄篮球运动员（尤其是持球运动员）的动作和动作分解的近景画面 | 近景 |
| CAM3 | 大型摄像机 | 设置在篮球场左侧观众席的中部 | 55倍 | 提供篮球运动员动作分解画面 | 中景、近景 |
| CAM4 | 大型摄像机 | 位于篮球场右侧观众席中部 | 55倍 | 拍摄篮球运动员动作分解画面 | 中景、近景 |
| CAM5 | 便携摄像机 | 设置在球场左侧端线后或篮架下方 | 20倍 | 拍摄篮球运动员的动作和动作分解画面 | 中景、近景 |
| CAM6 | 便携摄像机 | 设置在球场右侧端线后或篮架下方 | 20倍 | 拍摄篮球运动员的动作和动作分解画面 | 中景、近景 |
| CAM7 | 高速摄像机 | 位于球场中线与边线交界处外侧 | 21倍 | 拍摄篮球运动员的动作和动作分解画面，以供导播进行慢动作回放 | 中景、近景 |
| CAM8 | 便携摄像机 | 位于CAM7对面，中线与边线交界处。反角度机位 | 20倍 | 拍摄观众、教练员及替补球员的画面 | 全景、近景 |
| CAM9 | 微型遥控摄像机 | 位于球场上空，呈吊挂状 | 9倍 | 俯拍篮球运动员的动作和动作分解画面 | 全景 |
| CAM10 | 摇臂摄像机 | 设置在球场左侧端线后 | 20倍 | 拍摄篮球运动员的动作和观众画面 | 全景 |
| CAM11 | 微型遥控摄像机 | 位于左侧篮板的后面 | 4×5.5 | 拍摄篮球运动员的动作分解画面 | 特写、全景 |
| CAM12 | 微型遥控摄像机 | 位于右侧篮板的后面 | 4×5.5 | 拍摄篮球运动员的动作分解画面 | 近景、特写 |
| CAM13 | 微型遥控摄像机 | 位于篮球馆左角的顶棚处 | 9×3.8 | 拍摄整个篮球馆的大全景画面 | 大全景 |
| CAM14 | 无线摄像机 | 设置在球场中线附近，地面高度 | 21倍 | 低角度（仰拍）拍摄篮球运动员的动作和动作分解画面 | 中景、近景、特写 |

## 二、各机位摄像机职责解析

在篮球赛事转播中，各个机位的摄像机所拍摄的内容和景别是不一样的，这些都必须在转播正式开始前，由导播向摄像师进行仔细讲解并进行演练，因为体育赛事电视转播的画面非常重要。

### 1. 1 号机位

1 号机（CAM1）配有 55 倍镜头，设置在球场中线的高位，也就是球场中线的延长线上。1 号机是篮球赛事转播中的主机位，主要用全景记录篮球比赛的整个过程（图 5-54）。由于导播在转播中大量使用这个机位的画面，所以该机位所提供的画面质量好坏，将直接影响到整个篮球赛事转播的信号质量。鉴于此，导播通常将转播团队中经验最丰富、责任感最强的摄像师安排在该机位。虽然 1 号机所提供的画面景别都在全景范围之内，但在实际拍摄时要根据场上实际情况的变化，通过镜头的推、拉适时变换景别，而非简单地重复进行摇摄。在实际操作中，1 号机要随时确保不漏掉篮球赛场上的任何重要信息，用镜头始终覆盖进攻方球员所在的半场（图 5-55、图 5-56）。当然，在比赛处于中场休息、暂停等"死球"状态时，该机也可从篮球馆的照明灯具、标语、顶棚等缓缓摇下，增加画面信息量，使本机所提供的画面更加丰富。

图 5-54　1 号摄像机
所拍比赛开始时的大全景画面

图 5-55　1 号摄像机
所拍覆盖进攻方球员所在的半场大全景画面

图 5-56　1 号摄像机
所拍罚球时的小全景画面

## 2. 2 号机位

2 号机（CAM2）配有 55 倍镜头，设置在球场中央的高位，与 1 号机并排。2 号机主要负责拍摄场上篮球运动员的动作和动作分解的近景、中景、全景画面，如替补席上教练员和替补队员的动作、欢呼及兴奋激动的表情等（图 5-57、图 5-58、图 5-59）、换人时上场运动员的动作与表情（图 5-60），以及比赛开始、结束时双方队员之间，或队员与裁判之间握手致意的中景、近景画面（图 5-61）。该机位在拍摄时必须及时捕捉到场内外相关人员的动作细节与表情（图 5-62、图 5-63），将比赛现场紧张激烈的现场气氛充分表现出来，这样导播才能轻松地利用 2 号机的画面讲述场上精彩的篮球故事（图 5-64、图 5-65）。这里必须指出的是，捕捉瞬息万变的赛场上的种种细节并不容易，这需要长期转播实践的不断演练和摄像师对篮球比赛的高度熟悉，以及对所拍相关人员动作的准确预判。所以，2 号机一般也会由经验非常丰富的摄像师执机，以保证拍摄质量。

图 5-57 2 号摄像机
所拍教练员面授机宜的中景画面

图 5-58 2 号摄像机
所拍替补队员欢呼的全景画面

图 5-59 2 号摄像机
所拍替补队员鼓掌的全景画面

图 5-60 2 号摄像机
所拍换人瞬间的全景画面

图 5-61 2 号摄像机
所拍双方球员赛后握手的中景画面

图 5-62 2 号摄像机
所拍回跑中的得分球员的中景画面

图 5-63 2 号摄像机
所拍球员的近景画面

图 5-64 2 号摄像机所拍犯规瞬间的全景画面

图 5-65 2 号摄像机所拍球员运球的全景画面

### 3.3 号机位

3 号机（CAM3）配有 55 倍镜头，设置在篮球场左侧观众席的中部，主要负责提供场上篮球运动员的动作分解画面。例如，场上罚球时从侧后方拍摄罚球区附近双方球员小全景画面，这种画面给观众提供了远观的视觉角度，具有较强的空间感与透视感，使观众得到美好的视觉感受；进攻方队员投篮得分后，向本方半场跑动的近景画面，这是为了向观众交代清楚得分选手是谁；场上出现犯规时，犯规队员表情的近景画面，使观众清楚地了解究竟是谁犯了规。用犯规运动员的面部表情烘托现场气氛，增强整个篮球赛事转播的故事性；场上队友之间互相交流的近景画面，可以显示队友之间的情感与心灵默契（图 5-66），增强篮球赛事转播的感染力。

图 5-66　3 号摄像机
所拍倒地球员被队友拉起的中景画面

### 4.4 号机位

4 号机（CAM4）配有 55 倍镜头，位于篮球场右侧观众席的中部，主要负责提供场上篮球运动员的动作分解画面。例如，比赛开始球员出场时，4 号机由观众席上热烈欢呼的观众摇至正在上场的双方队员，此时会采用小全景画面，将比赛现场的热烈气氛做一个充分反映，给观众带来丰富的画面信息；利用高角度拍摄犯规运动员表情的近景画面，使观众一目了然。此外，由于 4 号机与 3 号机位置对称，故可与 3 号机配合完成相关画面的拍摄任务，总的原则就是构图的美观与合理，在这个大原则下选择 3 号机还是 4 号机去拍摄相关画面，需要根据比赛现场情况与导播的创作意图而定（图 5-67）。

图 5-67　4 号摄像机
所拍倒地球员的近景画面

### 5. 5 号机位

5 号机 (CAM5) 配有 20 倍镜头, 设置在球场左侧端线后或篮架下方, 主要拍摄左侧半场篮下运动员的动作和动作分解的画面。5 号机的拍摄任务较为繁重, 以近景画面为主兼有少量中景、人全景别画面, 需要拍摄罚球时罚球队员的投篮全过程 (拍球、持球、投篮等) 或罚球队员的中景、近景、特写 (图 5-68); 篮下攻防动作分解, 并提供慢动作重放画面 (图 5-69); 场上出现暂停时, 5 号机的摄像师要迅速接近左半场的替补席拍摄教练员布置战术的中景或近景画面; 左半场替补席上的教练员或球员近景画面; 暂停或中场休息时, 摄像机旋转后朝向观众席拍摄左半场端线后方观众的反应性镜头。该机位的摄像师应反应迅速、积极灵活、基本功扎实。

图 5-68 5 号摄像机
所拍罚球队员的中景画面

图 5-69 5 号摄像机
所拍篮下犯规的慢动作全景画面

### 6. 6 号机

6 号机 (CAM6) 配有 20 倍镜头, 设置在球场右侧端线后或篮架下方, 主要拍摄右侧半场篮下运动员的动作和动作分解的画面 (图 5-70)。6 号机的拍摄任务较为繁重, 以近景画面为主兼少量中景、人全景别画面, 需要拍摄罚球时罚球队员的投篮全过程

图 5-70 6 号摄像机
所拍回跑中得分球员的中景画面

（拍球、持球、投篮等）或近景和特写（图5-71、图5-72）；右侧篮下攻防动作分解，并提供慢动作重放画面（图5-73、图5-74）；场上出现暂停时，6号机的摄像师要迅速接近右半场的替补席拍摄教练员布置战术的中景或近景画面；右半场替补席上的教练员或球员近景画面；暂停或中场休息时，摄像机旋转后朝向观众席拍摄右半场端线后方观众的反应性镜头。

图5-71　6号摄像机
所拍罚球队员的近景画面

图5-72　6号摄像机
所拍球场远端罚球的全景画面

图5-73　6号摄像机
所拍队员上篮的慢动作全景画面

图5-74　6号摄像机
所拍球员上篮的慢动作中景画面

### 7. 7号机位

7号机（CAM7）是配有21倍镜头的高速摄像机，位于球场中线与边线交界处外侧。由于7号机处于中线附近，具有低角度、跟拍灵活、现场冲击感强等特点，能够通过仰拍为观众提供极具美感、气势、速度的慢动作重放画面。故而，

7号机重点拍摄投篮得分、犯规等动作细节及相关球员的高速慢动作画面（图5-75）。篮球赛事转播中的大部分慢动作重放画面都出自该机位，因此，7号机所拍画面必须准确、清楚、构图合理。该机位需拍摄两边篮下的攻防的全景（人全）画面（图5-76）；球员投篮得分后回跑、庆贺的近景画面（图5-77）；在中场附近的一些攻防动作分解的全景（人全）画面（图5-78、图5-79）；进攻方投篮得分的全过程并跟拍得分选手的全景（人全）画面、犯规选手跑动中的近景画面。

图 5-75　7 号摄像机
所拍攻防瞬间的慢动作全景画面

图 5-76　7 号摄像机
所拍罚球的全景画面

图 5-77　7 号摄像机
所拍回跑中得分球员的近景画面

图 5-78　7 号机
所拍在中场附近攻防动作分解的全景画面

图 5-79　7 号摄像机
所拍球员运球的全景（人全）画面

8. 8号机位

8号机（CAM8）配有20倍镜头，设置在球场对面的中线与边线交界处。该机位是反角度机位。8号机主要拍摄观众、教练员及替补球员的画面（图5-80、图5-81）。例如，在比赛进行中，仰拍教练员指挥、鼓掌、恼怒等近景画面，突出教练员的领袖地位；替补席上的替补队员兴奋、激动、愤怒、悲哀等动作与表情的近景画面；比赛结束时，拍摄两队教练员握手的近景画面，并用近景画面跟拍获胜队教练员。

图5-80　8号摄像机
所拍观众反应的全景画面

图5-81　8号摄像机
所俯拍倒地球员的全景（人全）画面

9. 9号机位

9号机（CAM9）配有9倍镜头，吊挂在篮球场中圈原点正上方的顶棚上，是一台微型遥控摄像机。9号机除了拍摄比赛开场时的跳球之外，还可为导播提供大量慢动作重放画面（图5-82）。该机操控灵活且所处位置较高，所拍摄的画面能够非常清晰地显现出比赛中尤其是球进篮筐、犯规时两队的战

图5-82　9号摄像机
所俯拍开场跳球的全景画面

术、阵形，以及篮球的运行轨迹。该机位的视角很独特，在篮球比赛转播中既为导播全方位展示比赛提供了特殊的画面，也为观众提供了他们自己根本无法想象的观察视角。在转播中，9号机经常用来俯拍诸如断球上篮、快攻得分等攻防过程，令观众耳目一新（图5-83）。

图5-83　9号摄像机所俯拍罚球的全景画面

### 10. 10号机位

10号机（CAM10）配有20倍镜头，位于球场左侧端线后。10号机挂在摇臂之上，主要拍摄篮下进攻时球员动作分解的全景（人全）画面；暂停、中场休息时教练员面授机宜的全景画面；球员上场或离场时全景（人全）画面。例如，在拍摄球员离场时，10号机在摇臂的帮助下，运动起伏较大，空间位置连续变化，所拍画面气势逼人；在拍摄教练员在比赛暂停或中场休息讲解战术的画面时，10号机可以越过身材高大的球员，从高空俯拍围成一圈的球员和教练员，给观众一种深入探寻球队机密的独特视觉感受，这是其他低角度机位无法办到的（图5-84）。

图5-84　10号摄像机
所俯拍的球员离场的全景画面

### 11. 11号机位

11号机（CAM11）是安装在左侧篮板后面的微型遥控摄像机，可为观众带来独特的视角，主要拍摄进攻队员罚球、上篮或扣篮等进攻投篮动作。该机位是表现投篮得分的重要机位（图5-85）。当球员投篮入网时，该摄像机能够真实

图5-85　11号摄像机所拍罚球的全景画面

155

地给观众带来篮球撞击篮筐、篮板的听觉与视觉上的极强冲击力。另外，进攻一方进攻结束后，11号机还可以拍摄进攻一方迅速转入回防状态的整个过程，这一画面与主机位所提供的画面相结合，从多视角反映篮球比赛的攻防之道。

### 12. 12 号机位

12号机（CAM12）是安装在右侧篮板后面的微型遥控摄像机，可为观众带来独特的视角，主要拍摄进攻方队员罚球、上篮或扣篮等进攻性投篮动作。该机位是表现投篮得分的重要机位。当球员投篮入网时，该摄像机能够真实地给观众带来篮球撞击篮筐、篮板的听觉与视觉上的极强冲击力（图5-86）。另外，进攻一方进攻结束后，12号机还可以拍摄进攻一方迅速转入回防状态的整个过程，这一画面与主机位所提供的画面相结合，从多视角反映了篮球比赛的攻防之道。

图 5-86　12号摄像机所拍罚球的全景画面

### 13. 13 号机位

13号机（CAM13）是安装在篮球馆左角顶棚处的微型遥控摄像机，主要用于拍摄整个篮球馆的大全景画面（图5-87）。13号机所拍画面主要是为篮球赛事导播提供用于显示该场比赛标题、相关技术统计、终场比分等字幕的背景画面（图5-88）。

图 5-87　13号摄像机
所拍篮球馆的大全景画面

图 5-88　13号摄像机
所拍用于叠加字幕的篮球馆大全景画面

### 14. 14 号机位

14 号机 (CAM14) 位于球场中线附近，是一架无线射频 (RF) 摄像机，为低角度游机。14 号机在比赛中时常沿着球场边线随处移动、抓拍，非常灵活，可为导播提供诸如攻防动作分解的全景与中景画面、进攻方在端线附近的投篮得分全景与中景画面、犯规的全景与近景画面，以及球员的近景和观众的反应性镜头 (图 5-89、图 5-90、图 5-91)。这个机位的摄像师必须经验丰富，对篮球比赛规则与程序非常熟悉，并对比赛进程有一定预判能力，方能胜任。

图 5-89　14 号摄像机
所拍罚球球员的近景画面

图 5-90　14 号摄像机
所拍球场远端罚球的全景画面

图 5-91　14 号摄像机
所拍下场球员击掌的全景画面

# 第三节　排球赛事转播分析

　　排球是两队隔网对抗性项目，与足球、篮球并称为世界"三大球"，其作为三大球中唯一隔网项目同样紧张激烈。目前，世界上水平最高、影响最大的排球赛事主要有奥运会排球比赛、世界排球锦标赛、世界杯排球赛，以及世界男排联赛等。

## 一、排球赛事转播的设备配置

　　排球比赛的对抗性强、战术复杂多变、比赛场地较大、参赛球员多等特点，决定了排球赛事转播既要体现球员的战术配合，又要适时反映犯规、得分、精彩攻防配合等关键细节。因此，在排球赛事转播中需要设置多个机位反映其全貌。

### （一）排球赛事转播的总体设备配置

　　目前，在大型排球赛事转播中至少用到 10 个以上的机位，其中包括大型摄像机、高速摄像机、斯坦尼康摄像机、微型遥控摄像机、摇臂式摄像机等多类摄像机，其转播的精确度，甚至连每个球员手部触球的一瞬间都能提供清晰的慢镜头。如今，凡洲际以上排球赛事的电视转播一般都会采用高清数字转播车，这些转播车配备了高清高速摄像机、高清摄像机，以及小型或微型遥控摄像机和迷你摄像机。车内大致分为 6 个工作区，较为宽敞，并且每辆车配有两个大型切换台，能够使导播非常容易地从多达 10 多路视频信号中从容选择、切换出最佳的比赛画面。

### （二）排球赛事转播的机位配置与分工

　　排球赛事转播需要多个机位来反映其全貌，每个机位摄像机的功能与拍摄画面虽有不同，但都从不同角度、不同层次表现出排球比赛的动人魅力。排球赛事转播的机位和其配置与分工如图5-92和表5-3所示。

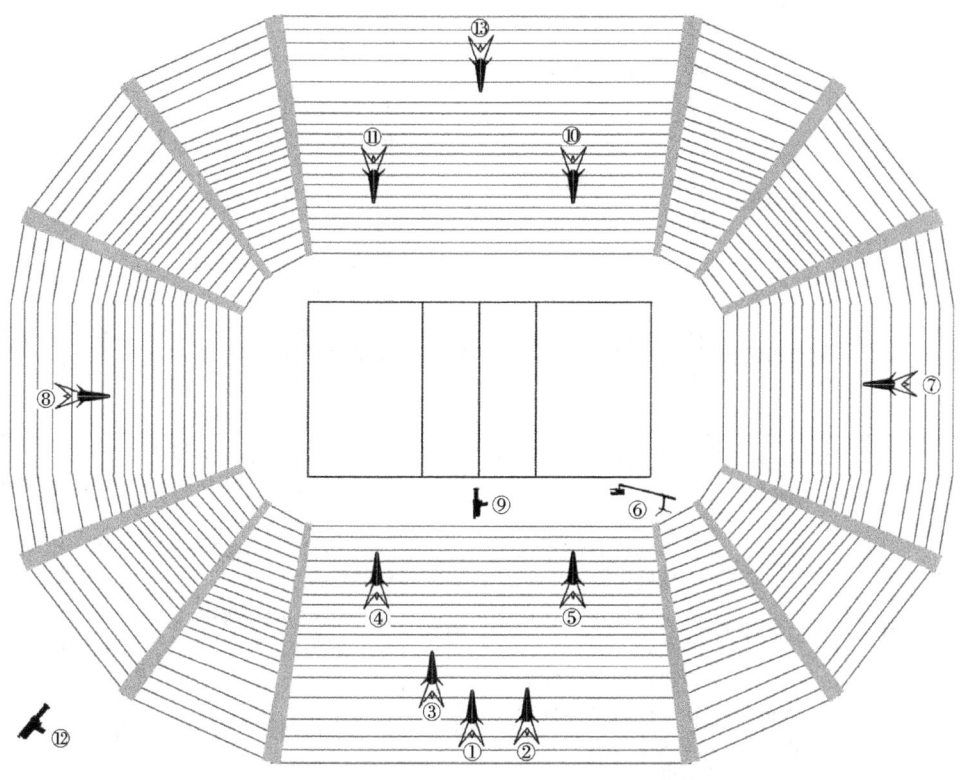

图 5-92　排球赛事转播机位图

通过上图不难看出，在排球赛事转播中架设在比赛场地内各个位置的摄像机各司其职，因而各个机位摄像机的类型、镜头倍率大小、拍摄任务、拍摄景别与分工也不同（表5-3）。

表 5-3　排球赛事转播机位配置与分工

| 摄像机编号 | 类型 | 机位说明 | 镜头 | 拍摄任务 | 景别 |
|---|---|---|---|---|---|
| CAM1 | 大型摄像机 | 设置在球场中线的高位，也就是球场中线延长线上 | 55倍 | 从高处拍摄比赛的整个场地或半个场地，拍摄的是全场比赛的画面，负责提供主要转播信号——主要为全景 | 全景、1/2全景 |

| 摄像机编号 | 类型 | 机位说明 | 镜头 | 拍摄任务 | 景别 |
|---|---|---|---|---|---|
| CAM2 | 大型摄像机 | 设置在球场中央的高位,与1号机并排 | 70倍 | 拍摄运动员(尤其是持球运动员)的动作和动作分解画面 | 中景、近景、特写 |
| CAM3 | 便携摄像机 | 设置在球场中央观众席低位 | 20倍 | 提供观众、教练员及替补球员画面 | 中景、近景 |
| CAM4 | 便携摄像机 | 位于球场左侧发球区附近 | 20倍 | 拍摄左侧场地球员的发球、发球方半场、左侧场地防守方、防守方组织进攻、主攻球员和对面的拦网球员等画面 | 全景、中景、近景 |
| CAM5 | 便携摄像机 | 位于球场右侧发球区附近 | 20倍 | 拍摄右侧场地球员的发球、发球方半场、右侧场地防守方、防守方组织进攻、主攻球员和对面的拦网球员等画面 | 全景、中景、近景 |
| CAM6 | 摇臂摄像机 | 设置在球场右侧端线后 | 20倍 | 拍摄运动员的动作和动作分解画面,以及观众画面 | 全景、近景 |
| CAM7 | 大型摄像机 | 位于球场右侧观众席的高处 | 70倍 | 拍摄运动员的动作和动作分解画面 | 全景、近景、中景 |
| CAM8 | 大型摄像机 | 位于球场左侧观众席的高处 | 70倍 | 拍摄运动员的动作和动作分解画面 | 全景、近景、中景 |
| CAM9 | Midi摄像机 | 设置在球场中线的低处,也就是球场中线延长线与边线交界处附近 | 20倍 | 拍摄主裁判相关画面 | 中景、近景 |
| CAM10 | 微型遥控摄像机 | 位于球场正中央上空,呈吊挂状 | 20倍 | 俯拍运动员的动作和动作分解画面 | 全景、远景 |
| CAM11 | 微型遥控摄像机 | 位于网柱上 | 4×5.5 | 拍摄运动员的网前动作,如扣球、拦网等画面 | 小全景 |
| CAM12 | 微型遥控摄像机 | 位于排球馆左上角的观众席的高处 | 4×5.5 | 拍摄整个排球馆的画面 | 大全景 |
| CAM13 | 大型摄像机 | 设置在球场中线高位,也就是球场中线的延长线上。这是一个反角度机位,位于1号机对面 | 70倍 | 拍摄教练员、替补球员的画面 | 中景、近景 |

## 二、各机位摄像机职责解析

在排球赛事转播中,各个机位摄像机所拍摄的内容和景别是不一样的,这些都必须在转播正式开始前由导播向摄像师进行仔细讲解并进行演练，因为体育赛事电视转播的画面非常重要。

### 1. 1号机位

1号机（CAM1）配有55倍镜头，设置在球场中线的高位，也就是球场中线的延长线上。1号机是排球赛事转播中的主机位，主要用全景记录排球比赛的整个过程。由于导播在转播中大量使用这个机位的画面，所以该机位所提供的画面质量好坏，将直接影响到整个赛事转播的信号质量。该机位在拍摄时应保持镜头运动平稳且画面表现细腻。1号机的主要任务是从高处拍摄比赛的整个场地或半个场地，拍摄的是全场比赛的画面，负责提供主要的转播信号——主要为全景画面（图5-93、图5-94）。

图5-93  1号摄像机
所拍比赛开始时的大全景画面

图5-94  1号摄像机
所拍比赛中半个场地的全景画面

### 2. 2号机

2号机（CAM2）配有70倍镜头，设置在球场中央的高位，与1号机并排。2号机主要负责拍摄运动员（尤其是持球运动员）的动作和动作分解的中景、近景、特写画面，如比赛中球员的发球、扣球、拦网、扑救等技术动作及其动作分解画面（图5-95、

图5-95  2号摄像机所拍
球员发球的全景（人全）画面

图 5-96、图 5-97)。为避免拍摄的画面单调，可以适度运用推、拉、摇摄等运动摄像方式进行拍摄。

图 5-96　2号摄像机
所拍球员发球的中景画面

图 5-97　2号摄像机
所拍球员拥抱庆贺的近景画面

### 3. 3号机位

3号机（CAM3）配有20倍镜头，设置在球场中央观众席的低位。3号机主要负责拍摄比赛暂停时观众、教练员及替补球员的中景、近景画面，要注意对观众、教练员及替补球员加油呐喊、鼓掌助威、痛苦懊恼等表情的捕捉（图5-98、图 5-99、图 5-100）。为避免拍摄的画面单调，该机位也可以适度运用推、拉、摇摄等运动摄像方式进行拍摄，但要注意时刻保持所拍画面焦点清晰，因此，摄像师需要跟焦。

图 5-98　3号摄像机所拍观众反应的中景画面

图 5-99　3号摄像机
所拍观众反应的全景画面

图 5-100　3号摄像机
所拍主裁判的中景画面

### 4. 4号机位

4号机（CAM4）配有20倍镜头，位于球场左侧发球方附近。4号机主要负责拍摄左侧场地球员的发球、发球方半场、右侧场地防守方（图5-101）、防守方组织进攻（图5-102）、主攻球员（图5-103）和对面的拦网球员等全景、中景、近景画面（图5-104、图5-105、图5-106、图5-107）。其实，以上画面是按照比赛中发球一方将球从本方端线发出后的运行时序依次出现的，这就要求摄像师必须熟悉排球运动的特点，才能在实际拍摄中应对自如。

图5-101　4号摄像机
所拍网前球员的中景画面

图5-102　4号摄像机
所拍球员扣球的慢动作全景画面

图5-103　4号摄像机
所拍主攻球员的近景画面

图5-104　4号摄像机
所拍场上换人的中景画面

图5-105　4号摄像机
所拍球员拥抱庆贺的中景画面

图 5-106　4 号摄像机
所拍教练员的近景画面

图 5-107　4 号摄像机
所拍教练员面授机宜的中景画面

### 5. 5 号机位

5 号机（CAM5）配有 20 倍镜头，位于球场右侧发球区附近。5 号机主要负责拍摄右侧场地球员的发球、发球方半场、左侧场地防守方（图 5-108）、防守方组织进攻、主攻球员扣球（图 5-109）和对面球员拦网等全景、中景、近景画面（图 5-110、图 5-111、图 5-112、图 5-113）。在比赛暂停时，该机位摄像

图 5-108　5 号摄像机
所拍防守球员的近景画面

图 5-109　5 号摄像机
所拍主攻球员扣球的慢动作中景画面

图 5-110 5 号摄像机
所拍球员拥抱庆贺的中景画面

图 5-111　5 号摄像机
所拍暂停时球员休息的中景画面

图 5-112　5 号摄像机
所俯拍的教练员面授机宜的中景画面

师要将摄像机从三脚架上取下来肩
扛拍摄教练员布置战术的画面，应
给导播提供教练员布置战术的全景
画面，以及教练员、球员的中景、
近景画面。

### 6. 6 号机位

6 号机（CAM6）配有 20 倍镜
头，位于球场右侧端线后。6 号机挂
在摇臂之上，主要用于拍摄运动员

图 5-113　5 号摄像机
所拍的场上出现争议时的中景画面

进出场地、技术动作和动作分解的画面，以及观众的全景、近景画面（图
5-114、图 5-115）。6 号机在摇臂的帮助下，运动起伏较大，空间位置连续变化，

图 5-114　6 号摄像机俯拍
暂停时两队休息的全景画面

图 5-115　6 号摄像机
俯拍整个球场的全景画面

很好地烘托了气氛，给观众以特殊的视角，该机位有着与其他机位不同的横向与纵向上的综合移动，并有广角镜头所带来的适度变形画面，因此，所拍画面气势逼人，煞是好看。

### 7. 7号机位

7号机（CAM7）配有70倍镜头，位于球场右侧观众席的高处。7号机主要负责拍摄运动员的动作和动作分解的画面。由于该机位所处位置较高，可以非常轻松地拍摄到攻防两队的阵形、站位的全景画面（图5-116），也可拍摄反映左侧球场中处于网前球员神情的近景、特写画面（图5-117、图5-118）。有时还可根据导播要求，拍摄场边特别是右侧场地边的裁判员、教练员、替补球员的一些反应性全景、近景画面。

图5-116　7号摄像机所俯拍攻防两队的阵形、站位的全景画面

图5-117　7号摄像机所拍球员拥抱庆贺的近景画面

图5-118　7号摄像机所拍网前球员的近景画面

### 8. 8号机位

8号机（CAM8）配有70倍镜头，位于球场左侧观众席的高处。8号机主要负责拍摄运动员的动作和动作分解的画面。由于该机位所处位置较高，可以非常

轻松地拍摄到攻防两队的阵形、站位的全景画面（图5-119），也可拍摄反映右侧球场中处于网前球员神情的近景、特写画面（图5-120、图5-121）。有时还可根据导播要求，拍摄场边特别是左侧场地边的裁判员、教练员、替补球员的一些反应性全景、近景画面。

图5-119　8号摄像机
所俯拍攻防两队的阵形、站位的全景画面

图5-120　8号摄像机
所拍球员拥抱庆贺的近景画面

图5-121　8号摄像机
所拍网前球员的近景画面

### 9. 9号机位

9号机（CAM9）配有20倍镜头，设置在球场中线的低处，也就是球场中线延长线与边线交界处附近。9号机主要负责拍摄主裁判的相关中景、近景画面（图5-122）。在排球赛事转播中，主裁判的相关画面是必不可少的，所以，必须要有专门的机位完成这一拍摄任务。

图5-122　9号摄像机
所拍主裁判的中景画面

## 10. 10号机位

10号机（CAM10）是配有20倍镜头的微型遥控摄像机，位于球场正中央上空，呈吊挂状。10号机主要用于俯拍运动员的动作和动作分解的全景、远景画面，并能很好地反映两队球员的阵形、站位和战术（图5-123）。该机位的视角很独特，在排球比赛转播中为导播全方位展示比赛提供了特殊的画面，也为观众提供了其无法想象的观察视角。

**图5-123　10号摄像机所俯拍双方阵形全景画面**

## 11. 11号机位

11号机（CAM11）是配有4倍镜头的微型遥控摄像机，位于网柱上。11号机主要负责拍摄运动员的网前动作，如扣球、拦网等小全景、近景画面，视角非常独特且极具冲击感。

## 12. 12号机位

12号机（CAM12）是配有4倍镜头的微型遥控摄像机，位于排球馆左下角观众席的高处。12号机主要负责拍摄整个排球馆的大全景画面，在转播过程中导播会在此画面上叠加相关技术统计数据、局分等字幕（图5-124）。

**图5-124　12号摄像机所拍用于叠加字幕的排球馆大全景画面**

### 13. 13 号机位

13 号机 （CAM13） 是配有 70 倍镜头的大型摄像机，设置在球场中线的高位，也就是球场中线的延长线上。这是一个反角度机位，位于 1 号机对面。13 号机主要负责拍摄教练员、替补球员的中景与近景画面（图 5-125、图 5-126）。

图 5-125　13 号摄像机
反角度拍摄的教练员近景画面

图 5-126　13 号摄像机
反角度拍摄的助理裁判中景画面

# 第四节　网球赛事转播分析

网球运动是一项隔网对抗性的技能活动，对增强体质、陶冶情操、丰富生活、促进身心全面发展具有良好的作用。目前，世界上水平最高、影响最大的网球赛事便是人称网坛"大满贯赛事"的四大公开赛，即澳大利亚网球公开赛、法国网球公开赛、温布尔顿网球公开赛和美国网球公开赛。

## 一、网球赛事转播的设备配置

网球比赛的对抗性强、战术复杂多变、比赛场地较大等特点，决定了网球赛事转播既要体现出球员的战术特点，又要适时反映得分和精彩攻防配合等关键细节。因此，在网球赛事转播中需要设置多个机位来反映其全貌。由于网球比赛中网球的飞行速度非常快，故而经常出现球是否出界的争议，为帮助裁判员正确执法，在网球赛事转播中除设置 10 台以上普通摄像机外，还引入了鹰眼系统。鹰眼系统也就是"即时回放系统"，是由 8 以上的高速摄像头、4 台电脑和大屏幕组成。在具体操作时，先借助计算机的计算将赛场内的立体空间分隔为以毫米计算的测量单位，再利用高速摄像头从各种角度同时捕捉网球飞行轨迹的基本数据，通过计算机的计算，将这些数据生成三维图像，最后再利用即时成像技术将网球的运动轨迹与落点清晰地呈现在屏幕上。在网球赛事转播中，从数据采集到结果演示，该过程耗时不会超过 10 秒钟时间，非常方便、实用。目前，四大网球公开赛中除法网外，都已采用了鹰眼系统。

### （一）网球赛事转播的总体设备配置

目前，大型网球赛事转播中至少使用 10 个以上的机位，其中包括大型摄像机、高速摄像机、微型遥控摄像机等多类摄像机。目前，世界性网球赛事的转播精确度，甚至连每个球员挥拍击球的一瞬间都能提供清晰的慢镜头。如今，凡是大型网球赛事的电视转播一般都会采用高清数字转播车，这些转播车配备了高清高速摄像机、高清摄像机，以及小型或微型遥控摄像机和迷你摄像机。车内大致分为 6 个工作区，较为宽敞，并且每辆车都配有两个大型的切换台，能够使导播非常容易地从多达 10 多路视频信号中从容选择、切换出最佳的比赛画面。

### （二）网球赛事转播的机位配置与分工

网球赛事转播需要多个机位来反映其全貌，每个机位摄像机的功能与拍摄画面虽有不同，但都从不同角度、不同层次表现出网球比赛的动人魅力。网球赛事转播的机位和其配置与分工如图 5-127 和表 5-4 所示。不难看出，在网球赛事转播中架设在比赛场地内各个位置的摄像机各司其职，因而各个机位摄像机的类型、镜头倍率大小、拍摄任务、拍摄景别与分工也不同。

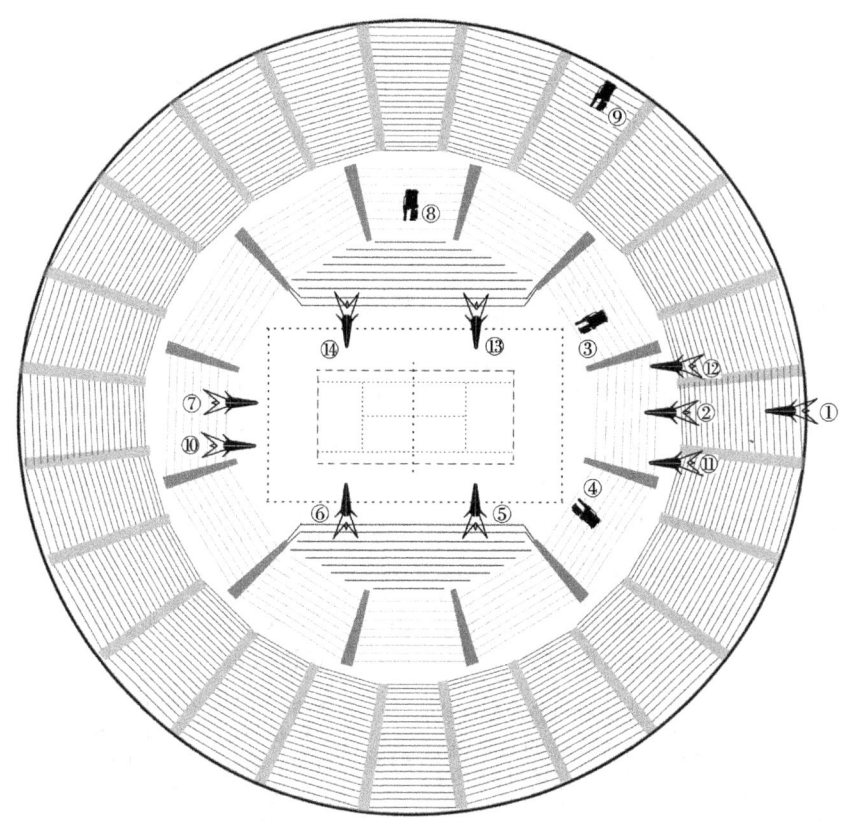

图 5-127　网球赛事转播机位

表 5-4　网球赛事转播机位配置与分工

| 摄像机编号 | 类型 | 机位说明 | 镜头 | 拍摄任务 | 景别 |
|---|---|---|---|---|---|
| CAM1 | 大型摄像机 | 设置在球场右侧底线后观众席的最高处，也就是球场纵向中线的延长线上 | 55 倍 | 从高处俯拍网球比赛的整个场地，拍摄全场比赛的画面，为观众直观地展示赛场规模和气氛等相关情况 | 大全景 |
| CAM2 | 大型摄像机 | 设置在网球场右侧底线后观众席的中下部，也在球场纵向中线的延长线上，距离球场地面的高度约为10 米 | 20 倍 | 俯拍网球比赛区域场地的画面 | 全景 |
| CAM3 | 高速摄像机 | 设置在比赛场地右上角场地内底线后，地面高度 | 30 倍 | 低角度（水平）拍摄赛场，以及运动员比赛时的站位、阵形和球员的画面 | 全景、近景、特写景 |

**(续表)**

| 摄像机编号 | 类型 | 机位说明 | 镜头 | 拍摄任务 | 景别 |
|---|---|---|---|---|---|
| CAM4 | 便携摄像机 | 位于球场内3号机同侧的右下角,场地水平 | 20倍 | 拍摄球员进出场、颁奖仪式等画面,为运动机位,机动性很强 | 全景、中景、近景 |
| CAM5 | 大型摄像机 | 位于球场右侧边线外的中后部,场地水平 | 55倍 | 主要跟拍右侧场地的球员,以及裁判员等画面 | 全景、近景 |
| CAM6 | 大型摄像机 | 位于球场左侧边线外的中后部,场地水平 | 55倍 | 主要跟拍左侧场地的球员,以及裁判员等画面 | 全景、近景 |
| CAM7 | 大型摄像机 | 设置在球场左侧底线后观众席的最低处,也就是球场纵向中线的延长线附近 | 55倍 | 这是一个反角度机位。反角度拍摄双方教练员、重要官员、亲朋好友、明星等画面 | 近景、中景 |
| CAM8 | 大型摄像机 | 位于与5号、6号机相对的另一侧边线外,在球网的延长线上 | 55倍 | 拍摄运动员休息的画面和观众的反应性镜头 | 中景、近景 |
| CAM9 | 微型遥控摄像机 | 位于球场右上角观众席的高处,在比赛场地对角线的延长线上 | 10倍 | 拍摄整个网球场,主要用来叠加有关技术统计数据的字幕 | 大全景 |
| CAM10 | 大型超级慢动作摄像机 | 设置在球场左侧底线后观众席的最低处,也就是球场纵向中线的延长线附近 | 55倍 | 这是一个反角度机位。主要拍摄近侧运动员和运动员动作分解的画面,主要为导播提供用于慢动作重放的画面 | 近景、中景 |
| CAM11 | 便携摄像机 | 设置在球场右侧底线后观众席的中下部,与2号机在同一直线上,在2号机的左边 | 30倍 | 拍摄死球状态时网球运动员的表情、比赛进行中跟拍球的运行路线等画面,以及观众的反应镜头。这是一个反角度机位 | 全景、中景、近景 |
| CAM12 | 大型超级慢动作摄像机 | 设置在球场右侧底线后观众席的中下部,与2号机在同一直线上,在2号机的右边 | 55倍 | 主要拍摄运动员和运动员动作分解的画面,以及裁判员的画面,和10号机一起为导播提供用于慢动作重放的画面 | 全景、中景 |
| CAM13 | 大型摄像机 | 这是一个反角度机位,位于球场右侧边线外的中后部,与5号机对称。场地水平 | 55倍 | 主要跟拍右侧场地的球员接发球等画面 | 全景、中景、近景 |
| CAM14 | 大型摄像机 | 这是一个反角度机位,位于球场左侧边线外的中后部,与6号机对称。场地水平 | 55倍 | 主要跟拍左侧场地的球员接发球等画面 | 全景、中景、近景 |

## 二、各机位摄像机职责解析

在网球赛事转播中，各个机位的摄像机所拍摄的内容和景别是不一样的，这些都必须在转播正式开始前由导播向摄像师进行仔细讲解并进行演练，因为体育赛事电视转播的画面非常重要。

### 1. 1 号机位

1 号机（CAM1）配有 55 倍镜头，设置在球场右侧底线后观众席的最高处，也就是球场纵向中线的延长线上。1 号机主要是从高处俯拍网球比赛的整个场地，也就是整个比赛场地的大全景画面，为观众直观地展示赛场规模和气氛等相关情况，给观众一种鸟瞰全场的特别视角（图 5-128、图 5-129）。网球赛事转播的导播有时会选用该画面来叠加比赛名称、参赛运动员，以及有关技术统计数据的字幕。

图 5-128　1 号摄像机
所拍网球场的大全景画面

图 5-129　1 号摄像机
所拍主裁判的全景（人全）画面

### 2. 2 号机位

2 号机（CAM2）配有 20 倍镜头，设置在球场右侧底线后观众席的中下部，也在球场纵向中线的延长线上，距离球场地面的高度约为 10 米。2 号机主要负责俯拍网球比赛区域场地内的比赛画面。该机位所拍画面应将整个网球场和底线外的球员的有效活动区域覆盖其中，为观众提供网球比赛进程的全景画面（图 5-130）。这是网球赛事转播

图 5-130　2 号摄像机
所拍网球比赛进程的全景画面

的主机位，只要比赛处于活球状态，转播都会以该机位画面为主。

### 3. 3 号机位

3 号机（CAM3）是配有 30 倍镜头的高速摄像机，设置在场地右上角场地内底线后，地面高度。3 号机主要是低角度（水平）拍摄赛场，以及运动员比赛时的站位、阵形的全景和球员近景、特写画面（图 5-131、图 5-132、图 5-133、图 5-134）。网球赛事转播的导播在比赛开始或休息间隙时，有时会选用该画面来叠加比赛名称、参赛运动员以及有关技术统计数据的字幕。

图 5-131　3 号摄像机
低角度拍摄的选手站位的全景画面

图 5-132　3 号摄像机
所拍选手击球的慢动作中景画面

图 5-133　3 号摄像机
所拍球场远端选手发球的近景画面

图 5-134　3 号摄像机
所拍球场近端选手发球的近景画面

### 4. 4 号机位

4 号机（CAM4）配有 20 倍镜头，位于球场内 3 号机同侧的右下角，场地高度。4 号机主要拍摄球员进出场、颁奖仪式等画面（图 5-135）。这是一个运动机位，机动性较强。该机位的摄像师应随时听从导播的调遣完成其他固定机位不便完成的拍摄任务（图 5-136）。

图 5-135　4 号摄像机
所拍球员入场的全景画面

图 5-136　4 号摄像机
所拍球员的近景画面

### 5. 5 号机位

5 号机（CAM5）配有 55 倍镜头，位于网球场右侧边线外的中后部，场地高度。5 号机主要跟拍右侧场地球员以及裁判员等画面，尤其是球员面部的近景和特写画面（图 5-137、图 5-138、图 5-139）。这些画面可以使观众充分了解球员在赛场上的喜怒哀乐，增强整个网球赛事转播的叙事性与生动感（图 5-140、图 5-141、图 5-142）。

图 5-137　5 号摄像机
所拍主裁判的近景画面

图 5-138　5 号摄像机
所拍局间休息时球员的近景画面

图 5-139　5 号摄像机
所拍观众反应的近景画面

图 5-140　5 号摄像机
所拍球员下场休息的全景画面

图 5-141　5 号摄像机所拍
局间休息时球员的全景（人全）画面

图 5-142　5 号摄像机
所拍比赛结束时球员拥抱致意的中景画面

### 6. 6 号机位

6 号机（CAM6）配有 55 倍镜头，位于网球场左侧边线外的中后部，场地高度。6 号机主要跟拍左侧场地球员以及裁判员等画面，尤其是球员面部的近景和特写画面（图 5-143、图 5-144）。这些画面可以使观众充分了解球员在赛场上

图 5-143　6 号摄像机
所拍球员走动时的近景画面

图 5-144　6 号摄像机
所拍局间休息时球员的中景画面

的喜怒哀乐，增强整个网球赛事转播的叙事性与生动感（图 5–145、图 5–146、图 5–147）。

图 5–145　5 号摄像机
所拍球员下场休息的中景画面

图 5–146　6 号摄像机
所拍局间休息时球员的全景（人全）画面

图 5–147　6 号摄像机所拍观众反应的全景画面

### 7. 7 号机位

7 号机（CAM7）配有 55 倍镜头，设置在球场左侧底线后观众席的最低处，也就是球场纵向中线的延长线附近。这是一个反角度机位，主要拍摄任务是反角度拍摄双方教练员、重要官员、亲朋好友、明星等人的近景与中景画面（图 5–148、图 5–149），其中多数是反应性镜头（图5–150、图 5–151、图 5–152）。

图 5–148　7 号摄像机
所拍教练员反应的近景画面

图 5-149　7 号摄像机
所拍球员亲友的近景画面

图 5-150　7 号摄像机
所拍球员训练团队的近景画面

图 5-151　7 号摄像机
所拍观众反应的近景画面

图 5-152　7 号摄像机
所拍观众反应的中景画面

8. 8 号机位

8 号机（CAM8）配有 55 倍镜头，位于与 5 号、6 号机相对的另一侧边线外，在球网的延长线上。8 号机主要拍摄运动员的休息画面和观众的反应性镜头（图 5-153、图 5-154、图 5-155），画面景别以全景、中景、近景为主（图 5-156、图 5-157）。

图 5-153　8 号摄像机
所拍球员发球的全景画面

图 5-154　8 号摄像机
所拍明星的近景画面

图 5-155　8号摄像机
所拍重要来宾的近景画面

图 5-156　8号摄像机
所拍球员训练团队反应的中景画面

图 5-157　8号摄像机所拍观众的大全景画面

## 9. 9号机位

9号机（CAM9）是配有10倍镜头的微型遥控摄像机，位于球场右上角观众席的高处，在比赛场地对角线的延长线上。9号机主要拍摄整个网球场的大全景画面，主要用来叠加有关技术统计数据、以往比赛成绩、赛事日程安排等字幕（图 5-158、图 5-159）。

图 5-158　9号摄像机
所拍网球场的大全景画面

图 5-159　9号摄像机
拍摄的以观众为前景的球员比赛的远景画面

### 10. 10 号机位

10 号机（CAM10）是配有 55 倍镜头的大型超级慢动作摄像机，设置在球场左侧底线后观众席的最低处，也就是球场纵向中线的延长线附近。这是一个反角度机位，主要拍摄近侧运动员和运动员动作分解的画面，主要为导播提供用于慢动作重放的近景和中景画面（图 5-160、图 5-161、图 5-162）。该机位摄像师必须对网球运动的特点有充分理解并具高超的拍摄技艺，才能在比赛中捕捉到令导播满意的慢动作回放镜头（图 5-163、图 5-164）。

图 5-160　10 号摄像机
所拍球场近端选手的全景（人全）画面

图 5-161　10 号摄像机
所拍球员的侧面中景画面

图 5-162　10 号摄像机
所拍球场远端准备接球的球员近景画面

图 5-163　10 号摄像机
所拍选手击球的慢动作中景画面

图 5-164　10 号摄像机
所拍选手救球的慢动作全景画面

### 11. 11 号机位

11 号机（CAM11）配有 30 倍镜头，设置在球场右侧底线后观众席的中下部，与 2 号机在同一直线上，并在其左侧。该机位主要拍摄死球状态时运动员的表情、比赛进行中跟拍网球的运行路线等画面，以及观众的反应镜头，景别以全景、中景、近景为主（图 5-165）。

图 5-165 11 号摄像机所拍观众反应的全景画面

### 12. 12 号机位

12 号机（CAM12）是配有 55 倍镜头的大型超级慢动作摄像机，设置在球场右侧底线后观众席的中下部，与 2 号机在同一直线上，并在其右侧。12 号机主要拍摄运动员和运动员动作分解的画面以及裁判员的画面，并与 10 号机一起为导播提供用于慢动作重放的全景、中景画面（图 5-166）。与 10 号机一样，该机位摄像师也必须对网球运动的特点有充分理解并具高超的拍摄技艺，才能在比赛中捕捉到令导播满意的慢动作回放镜头（图 5-167、图 5-168）。

图 5-166 12 号摄像机
所拍球员发球的全景画面

图 5-167 12 号摄像机
所拍比赛的慢动作全景画面

图 5-168 12 号摄像机
所拍选手击球的慢动作中景画面

### 13. 13 号机位

13 号机（CAM13）配有 55 倍镜头，位于球场右侧边线外的中后部，与 5 号机对称，场地水平。主要跟拍右侧场地球员接发球等技术动作的全景、中景、近景画面（图 5-169、图 5-170、图 5-171），也可为导播适时提供慢动作回放镜头。

图 5-169　13 号摄像机所拍球员发球的全景（人全）画面

图 5-170　13 号摄像机所拍球员准备接球的中景画面

图 5-171　13 号摄像机所拍球员准备接球的全景（人全）画面

### 14. 14 号机位

14 号机（CAM14）配有 55 倍镜头，位于球场左侧边线外的中后部，与 6 号机对称，场地水平。主要跟拍左侧场地球员接发球等技术动作的全景、中景、近景画面（图 5-172、图 5-173、图 5-174、图 5-175），也可为导播适时提供慢动作回放镜头（图 5-176）。

图 5-172　14 号摄像机所拍球员发球的全景（人全）画面

图 5-173　14 号摄像机
所拍发球球员的特写画面

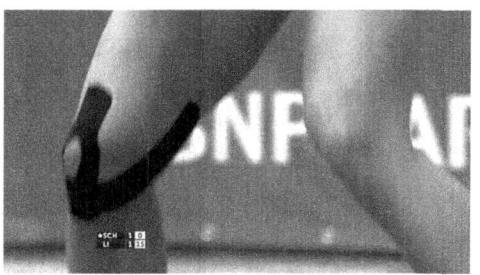

图 5-174　14 号摄像机
所拍球员受伤部位的特写画面

图 5-175　14 号摄像机
所拍球员的近景画面

图 5-176　14 号摄像机
所拍选手击球的慢动作全景（人全）画面

# 第五节　游泳赛事转播分析

游泳是一种凭借自身肢体动作与水的作用力，在水中活动或前进的技能运动。游泳运动一直和人类的生产、生活、生存紧密相关，并随着人类社会的发展而发展，逐渐成为体育运动的重要项目。目前，世界上水平最高、影响最大的游泳赛事便是两年一次的世界游泳锦标赛和 4 年一度的奥运会游泳比赛。

## 一、游泳赛事转播的设备配置

游泳比赛的场地较大、参赛球员多等特点，决定了游泳赛事转播既要体现出选手的游进过程，又要适时反映出发、转身、精彩配合（接力项目）等关键细节。因此，在游泳赛事转播中需要设置多个机位来反映其全貌。由于游泳比赛转播中需要为观众展示运动员的水下泳姿，故而特别在泳池底部安装了水下摄像机，可以说，水下摄像机是游泳赛事转播的特殊摄像器材。

## （一）游泳赛事转播的总体设备配置

目前，在大型游泳赛事转播中至少使用 20 个以上的机位，其中包括大型摄像机、水下摄像机、横向轨道摄像机、垂直轨道摄像机、防水吊杆摄像机、高速摄像机、微型遥控摄像机等多类摄像机。目前，世界性游泳赛事的转播精确度，甚至连每个选手挥臂划水的一瞬间都能提供清晰的慢镜头。如今，凡是大型游泳赛事的电视转播一般都会采用高清数字转播车，这些转播车配备了高清高速摄像机、高清摄像机，以及小型或微型遥控摄像机和迷你摄像机。车内大致分为 6 个工作区，较为宽敞，并且每辆车都配有两个大型切换台，能够使导播非常容易地从多达 10 多路视频信号中从容选择、切换出最佳比赛画面。

## （二）游泳赛事转播的机位配置与分工

游泳赛事转播需要多个机位来反映其全貌，每个机位摄像机的功能与拍摄画面虽有不同，但都从不同角度、不同层次表现出了游泳比赛的动人魅力。游泳赛事转播的机位和其配置与分工如图 5–177 和表 5–5 所示。

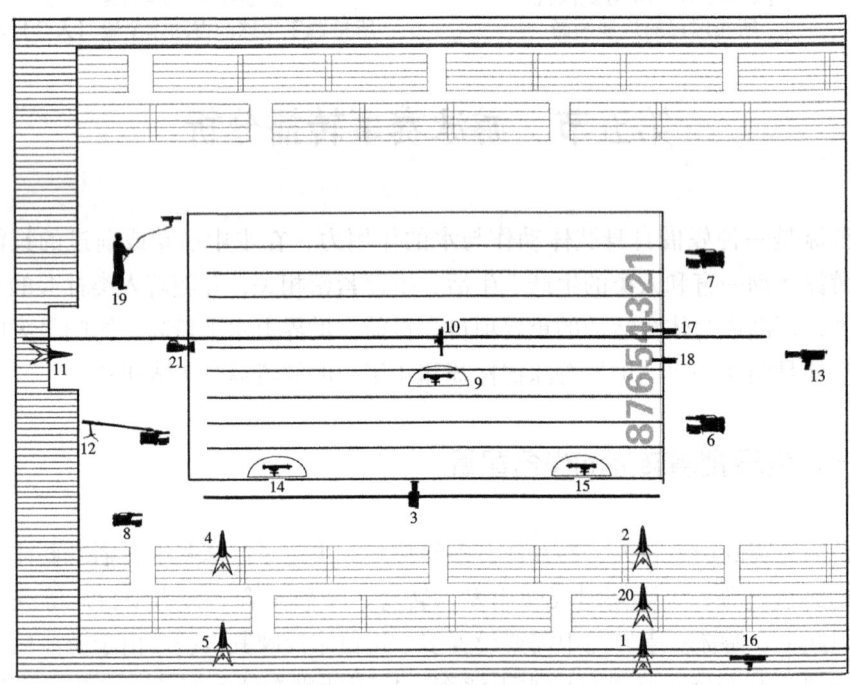

**图 5–177　游泳赛事转播机位图**

通过上图不难看出，在游泳赛事转播中架设在比赛场地内各个位置的摄像机各司其职，因而各个机位摄像机的类型、镜头倍率大小、拍摄任务、拍摄景别与分工也不同（表5-5）。

表5-5 游泳赛事转播机位配置与分工

| 摄像机编号 | 类型 | 机位说明 | 镜头 | 拍摄任务 | 景别 |
|---|---|---|---|---|---|
| CAM1 | 大型摄像机 | 设置在正对泳池右侧运动员出发/终点的观众席最高处 | 55倍 | 从高处俯拍游泳比赛的部分场地，拍摄全场比赛选手出发、游进过程和到达终点画面，为观众直观地展示比赛进程。这是主机位，提供的是安全镜头 | 大全景 |
| CAM2 | 大型摄像机 | 设置在正对泳池右侧运动员出发/终点的场地内，地面高度 | 55倍 | 俯拍泳池中单个选手侧面、选手做准备活动，以及在出发台上准备出发的画面 | 近景、中景 |
| CAM3 | 微型智能控制水平跟踪摄像机 | 设置在泳池边与泳池长轴平行的轨道上，来回移动 | 20倍 | 低角度拍摄运动员比赛时游进画面 | 全景、中景、近景 |
| CAM4 | 大型摄像机 | 设置在正对泳池左侧运动员折转点/起点/终点的场地内，地面高度 | 55倍 | 拍摄距离为50米的比赛中选手出发、起跳动作，以及其他游进、转身（水上）画面 | 中景、近景 |
| CAM5 | 大型摄像机 | 设置在正对泳池左侧运动员折转点/起点/终点的观众席中部 | 55倍 | 从高处俯拍游泳比赛的左半部分场地，拍摄全场比赛选手出发、折转、游进过程和到达终点画面，为观众直观地展示比赛进程 | 大全景 |
| CAM6 | 无线摄像机 | 位于泳池右侧出发台/终点（50米比赛）后，场地水平 | 20倍 | 主要跟拍运动员入场、介绍，以及裁判员等画面 | 全景、近景 |
| CAM7 | 无线摄像机 | 位于泳池右侧出发台/终点（50米比赛）后，与6号机位置分开，场地水平 | 20倍 | 主要跟拍运动员入场、介绍，以及裁判员等画面 | 全景、近景 |
| CAM8 | 便携摄像机 | 位于泳池左侧出发台/终点（50米比赛）后，场地水平 | 20倍 | 拍摄距离为50米比赛中选手出发、起跳动作、其他比赛选手的转身（水上）以及颁奖仪式的相关画面 | 中景、近景、特写 |

(续表)

| 摄像机编号 | 类型 | 机位说明 | 镜头 | 拍摄任务 | 景别 |
|---|---|---|---|---|---|
| CAM9 | 微型智能控制水下跟踪摄像机 | 设置在泳池底部与泳池长轴平行的轨道上，来回移动 | 4×5.5 | 拍摄选手的水下泳姿 | 全景、中景、近景 |
| CAM10 | 微型遥控摄像机 | 设置在泳池上空与泳池长轴平行的钢索上，来回移动 | 20倍 | 从高空俯拍选手的游进过程 | 全景、中景 |
| CAM11 | 大型摄像机 | 位于泳池左侧出发台/终点（50米比赛）后的高架上 | 55倍 | 拍摄选手游进过程和相关动作分解 | 大全景、全景 |
| CAM12 | 摇臂摄像机 | 位于泳池左端侧出发台/终点（50米比赛）后 | 20倍 | 拍摄选手游进过程中，特别是接近池壁时的转身等相关动作分解，以及颁奖仪式画面 | 全景、中景 |
| CAM13 | 微型遥控摄像机 | 吊挂在跳水池上方 | 4×5.5 | 主要拍摄观众席的画面，可用来叠加比赛名称等字幕 | 全景、远景 |
| CAM14 | 点式水下遥控摄像机 | 距离左侧出发点/终点约3米处的泳池底部 | 4×5.5 | 主要拍摄选手在泳池左端入水、转身等水下画面 | 全景、中景 |
| CAM15 | 点式水下遥控摄像机 | 距离右侧出发点/终点约3米处的泳池底部 | 4×5.5 | 主要拍摄选手在泳池右端入水、转身等水下画面 | 全景、中景 |
| CAM16 | 微型遥控摄像机 | 吊挂在游泳馆右下角的顶棚上 | 4×5.5 | 主要拍摄整个游泳馆的画面 | 大全景 |
| CAM17 | 点式微型摄像机 | 泳池第4泳道的入口处 | 4×5.5 | 主要拍摄位于第4泳道选手冲刺触壁和触壁转身的画面 | 近景、特写 |
| CAM18 | 点式微型摄像机 | 泳池第5泳道的入口处 | 4×5.5 | 主要拍摄位于第5泳道的选手冲刺触壁和触壁转身的画面 | 近景、特写 |
| CAM19 | 防水吊杆摄像机 | 位于泳池左侧出发台/终点（50米比赛）后 | 4×5.5 | 主要拍摄选手触壁转身的画面 | 近景、特写 |
| CAM20 | 大型SSM摄像机 | 设置在正对泳池右侧运动员出发点/终点观众席的中等高度，位于1号机与2号机之间 | 55倍 | 主要拍摄选手在游进过程中的动作画面 | 中景、近景 |
| CAM21 | 大型SSM摄像机 | 位于泳池左侧出发台/终点（50米比赛）后 | 55倍 | 主要拍摄冠军选手的画面 | 近景、特写 |

## 二、各机位摄像机职责解析

在游泳赛事转播中，各个机位的摄像机所拍摄的内容和景别是不一样的，这些都必须在转播正式开始前由导播向摄像师进行仔细讲解并进行演练，因为体育赛事电视转播的画面非常重要。

### 1. 1号机位

1号机（CAM1）配有55倍镜头，设置在正对泳池右侧运动员出发点／终点的观众席的最高处。1号机主要从高处俯拍游泳比赛的部分场地，拍摄全场比赛选手出发、游进、转身过程和到达终点的大全景画面，为观众直观地展示比赛进程（图5-178、图5-179、图5-180）。这是主机位，提供的是安全镜头。在拍摄过程中，1号机常常需要跟随游进的选手均速摇摄。

图 5-178　1 号摄像机
跟拍选手游进过程的大全景画面

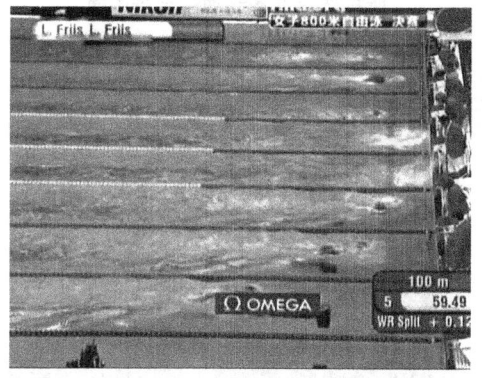

图 5-179　1 号摄像机
跟拍选手转身过程的大全景画面

图 5-180　1 号摄像机
跟拍泳池远端选手游进的大全景画面

### 2. 2号机位

2号机（CAM2）配有55倍镜头，设置在正对泳池右侧运动员出发点/终点的场地内，地面高度。2号机主要拍摄泳池中单个选手侧面（图5-181）、选手做准备活动，以及在出发台上准备出发的近景、中景画面（图5-182、图5-183、图5-184、图5-185）。

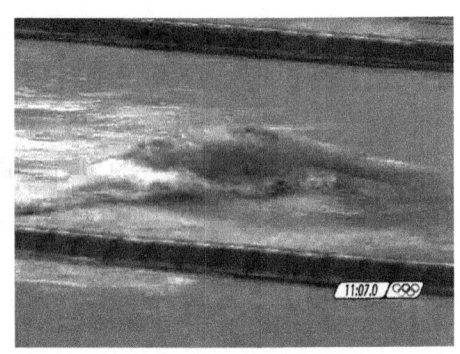

图5-181　2号摄像机
跟拍泳池中单个选手游进的侧面近景画面

图5-182　2号摄像机
所拍选手准备活动的中景画面

图5-183　2号摄像机
所拍选手准备活动的全景画面

图5-184　2号摄像机
所拍选手准备出发的全景画面

图5-185　2号摄像机
所拍选手与观众拥抱庆贺的侧面近景画面

### 3. 3号机位

3号机（CAM3）是设置在泳池边、与泳池长轴平行轨道上的微型智能控制水平跟踪摄像机，俗称"电兔子"。3号机主要是在轨道上来回移动，跟拍选手或单个选手在游进过程中的全景、中景、近景画面（图5-186、图5-187、图5-188、图5-189）。该机位是游泳赛事转播的基础机位之一，颇受导播重视（图5-190）。

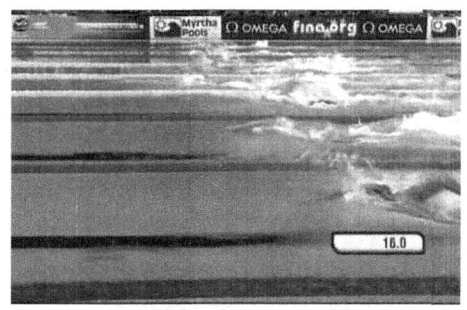

图5-186 3号摄像机
跟拍选手游进的全景画面

图5-187 3号摄像机
跟拍选手游进的2人全景画面

图5-188 3号摄像机
跟拍选手游进的中景画面

图5-189 3号摄像机
跟拍领先选手游进的近景画面

图5-190 3号摄像机
所拍选手准备活动的大全景画面

### 4. 4号机位

4号机（CAM4）配有55倍镜头，设置在正对泳池左侧运动员折转点／终点的场地内，地面高度。4号机主要拍摄游泳比赛中选手的出发、游进、转身（水上）中景和近景画面（图5-191、图5-192）。该机位处于与2号机对称的位置，在同一直线上。

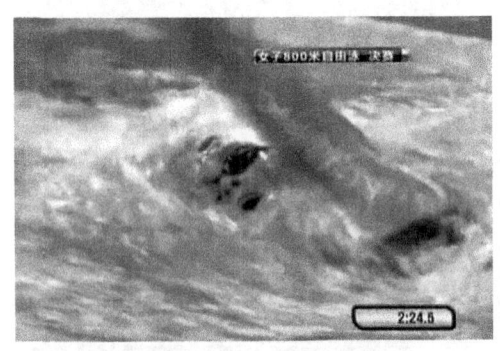

图5-191 4号摄像机　　　　　　　　图5-192 4号摄像机
跟拍选手游进的近景画面　　　　　　跟拍选手游进的中景画面

### 5. 5号机位

5号机（CAM5）配有55倍镜头，设置在正对泳池左侧运动员折转点／终点的观众席中部。5号机主要从高处俯拍游泳比赛的左半部分场地，拍摄全场比赛选手折转、游进过程和到达终点的大全景画面，为观众直观地展示比赛进程（图5-193、图5-194）。在拍摄过程中，5号机也常常需要跟随游进的选手均速摇摄。

图5-193 5号摄像机　　　　　　　　图5-194 5号摄像机
跟拍选手游进过程的大全景画面　　　跟拍选手接近池壁时的大全景画面

## 6. 6号机位

6号机（CAM6）是位于泳池右侧出发台后的地面高度的无线（RF）摄像机，主要跟拍运动员出场、介绍以及裁判员等全景和近景画面。该机位的摄像师须具有高超的拍摄技巧和快速的镜头捕捉能力（图5-195、图5-196、图5-197、图5-198、图5-199、图5-200、图5-201）。与此同时，该机位机动灵活，动感十足，是游泳赛事转播的基础机位之一，颇为重要（图5-202、图5-203、图5-204）。

图5-195 6号摄像机
跟拍选手入场的单人全景画面

图5-196 6号摄像机
所拍选手致意的近景画面

图5-197 6号摄像机
所拍选手准备活动的中景画面

图5-198 6号摄像机
所拍选手休息的中景画面

图 5-199 6 号摄像机
所拍选手出发的近景画面

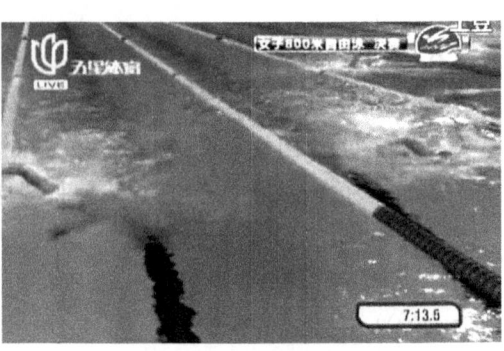

图 5-200 6 号摄像机
所拍选手游近池壁时的 2 人全景画面

图 5-201 6 号摄像机
所拍选手游离池壁时的全景画面

图 5-202 6 号摄像机
所拍选手起游泳池的中景画面

图 5-203 6 号摄像机
所拍接力赛中选手出发的全景画面

图 5-204 6 号摄像机
所拍选手与队友拥抱庆贺的侧面中景画面

### 7. 7号机位

7号机（CAM7）是位于泳池右侧出发台后地面高度的无线（RF）摄像机，与6号机一起跟拍运动员出场、介绍以及裁判员等全景和近景画面（图5-205、图5-206、图5-207、图5-208、图5-209、图5-210、图5-211）。该机位的摄像师须具有高超的拍摄技巧和快速的镜头捕捉能力。与此同时，该机位机动灵活，动感十足（图5-212、图5-213、图5-214、图5-215）。

图 5-205　7号摄像机
跟拍选手入场的全景画面

图 5-206　7号摄像机
跟拍选手入场的中景画面

图 5-207　7号摄像机
所拍选手准备活动的全景画面

图 5-208　7号摄像机
所拍选手准备活动的近景画面

图 5-209　7号摄像机
从后方拍摄选手准备出发的全景画面

图 5-210　7 号摄像机
所拍选手准备出发的单人近景画面

图 5-211　7 号摄像机
所拍选手准备出发的全景画面

图 5-212　7 号摄像机
跟拍夺冠选手的近景画面

图 5-213　7 号摄像机
所拍选手转身的全景画面

图 5-214　7 号摄像机
所拍选手欢呼的中景画面

图 5-215　7 号摄像机
所拍接力赛中以选手为前景的出发全景画面

### 8. 8号机位

8号机（CAM8）配有20倍镜头，位于泳池左侧折转点/终点（50米比赛）后，地面高度。8号机主要拍摄选手的转身（水上）、冲刺以及颁奖仪式的相关中景、近景、特写画面（图5-216）。

图5-216　8号摄像机
所拍选手冲刺的慢动作近景画面

### 9. 9号机位

9号机（CAM9）是设置在泳池底部的与泳池长轴平行轨道上的微型智能控制水下跟踪摄像机。9号机主要是在轨道上来回移动，拍摄选手水下泳姿的全景、中景、近景画面（图5-217、图5-218）。在比赛间歇，该摄像机仰拍水面，用于叠加选手成绩、名次等字幕（图5-219）。该机位视角独特，是游泳赛事转播的基础机位之一。

图5-217　9号摄像机
跟拍选手游进的水下全景画面

图5-218　9号摄像机
仰拍选手游进的水下2人全景画面

图5-219　9号摄像机
仰拍用于叠加字幕的水面空镜头

## 10. 10号机位

10号机（CAM10）是吊挂在泳池上空、与泳池长轴平行的钢索上的微型遥控摄像机。10号机主要从高空俯拍选手游进过程的全景、中景画面（图5-220、图5-221、图5-222）。该机位视角独特，目前已成为游泳赛事转播的基础机位之一（图5-223）。

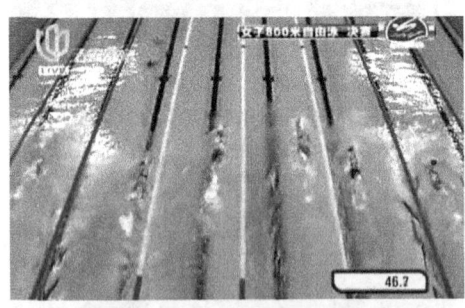

图5-220  10号摄像机
俯拍选手游进过程的大全景画面

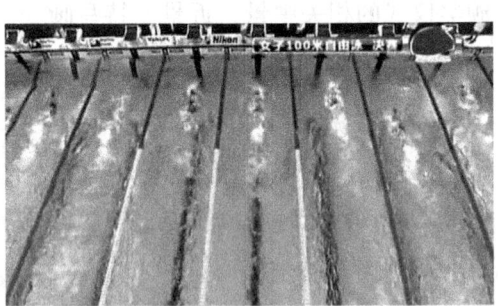

图5-221  10号摄像机
俯拍选手冲刺的大全景画面

图5-222  10号摄像机
俯拍选手冲刺的2人全景画面

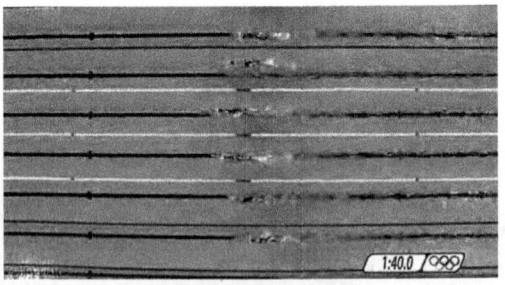

图5-223  10号摄像机
俯拍选手游进的俯瞰镜头

## 11. 11号机位

11号机（CAM11）配有55倍镜头，位于泳池左侧出发台/终点（50米比赛）后的高架上。11号机主要拍摄选手游进过程和相关动作分解的大全景、全景和近景画面（图5-224、图5-225）。11号机主要是从高位俯拍选手游进过程的全景画面（图5-226）。该机位视角独特，具有视觉冲击力。

图5-224  11号摄像机
俯拍选手游进的单人全景画面

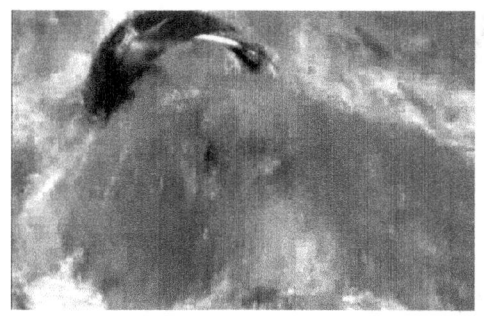

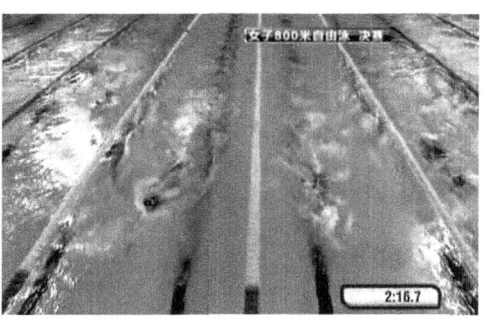

图 5-225　11 号摄像机
俯拍选手游进的近景画面

图 5-226　11 号摄像机
俯拍选手游进的全景画面

### 12. 12 号机位

12 号机（CAM12）位于泳池左侧出发台 / 终点（50 米比赛）后的摇臂摄像机。12 号机主要拍摄选手游进过程中，特别是接近池壁时的转身等相关动作分解，以及颁奖仪式的全景与中景画面，也可拍摄泳池水上的空镜头用于叠加字幕（图 5-227）。12 号机在摇臂的帮助下，运动起伏较大，空间位置连续变化，很好地烘托了气氛，给观众以特殊的视角。该机位有着与其他机位不同的横向与纵向上的综合移动，并有广角镜头所带来的适度变形画面，因此，所拍画面气势逼人，冲击感强烈。

图 5-227　12 号摄像机
所拍用于叠加字幕的水面空镜头

图 5-228　13 号摄像机
所拍观众反应的小全景画面

### 13. 13 号机位

13 号机（CAM13）是吊挂在游泳馆右侧上方顶棚上的微型遥控摄像机，主要拍摄观众席的全景和远景画面，可用来叠加比赛名称等字幕（图 5-228、图 5-229、图 5-230）。

图 5-229　13 号摄像机　　　　　　图 5-230　13 号摄像机
俯拍教练员的 2 人近景画面　　　　　俯拍观众的全景画面

### 14. 14 号机位

14 号机（CAM14）是布置在距离左侧折转点 / 终点约 3 米处的泳池底部的点式水下遥控摄像机，主要拍摄选手在泳池左端转身等水下全景与中景画面（图 5-231、图 5-232、图 5-233、图 5-234）。

图 5-231　14 号摄像机　　　　　　图 5-232　14 号摄像机
仰拍选手游进的水下全景画面　　　　仰拍选手转身的水下全景画面

图 5-233　14 号摄像机　　　　　　　图 5-234　14 号摄像机
仰拍选手转身的水下 2 人全景画面　　正面仰拍选手游进的水下全景（人全）画面

### 15. 15号机位

15号机（CAM15）是布置在距离右侧出发点／终点约3米处的泳池底部的点式水下遥控摄像机，主要拍摄选手在泳池右端入水、转身等水下全景与中景画面（图5-235、图5-236、图5-237、图5-238）。

图 5-235　15号摄像机
仰拍选手游进的水下全景画面

图 5-236　15号摄像机
仰拍选手出发入水后的水下全景画面

图 5-237　15号摄像机
仰拍选手转身的水下全景画面

图 5-238　15号摄像机
仰拍选手游进的水下中景画面

### 16. 16号机位

16号机（CAM16）是吊挂在游泳馆右下角顶棚上的微型遥控摄像机，主要拍摄整个游泳馆的大全景画面，常用于叠加字幕（图5-239）。

图 5-239　16号摄像机
所拍用于叠加字幕的游泳馆大全景画面

### 17. 17 号机位

17 号机（CAM17）是位于泳池右侧第 4 泳道入口处的点式微型摄像机，主要拍摄位于第 4 泳道选手冲刺触壁和触壁转身的近景、特写画面，画面有冲击力和强烈的现场感（图 5-240）。

图 5-240　17 号摄像机
所拍选手游进动作的近景画面

### 18. 18 号机位

18 号机（CAM18）是位于泳池右侧第 5 泳道入口处的点式微型摄像机，主要拍摄位于第四泳道选手冲刺触壁和触壁转身的近景、特写画面，画面有冲击力和强烈的现场感（图 5-241、图 5-242）。

图 5-241　18 号摄像机所拍
选手游进动作的近景画面

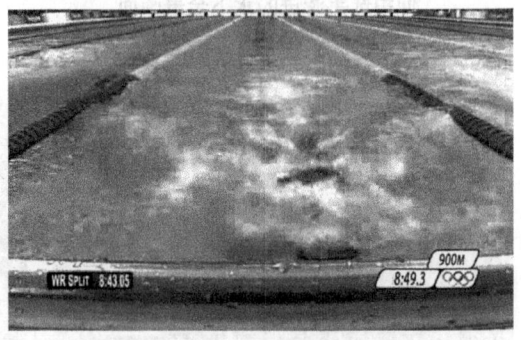

图 5-242　18 号摄像机
所拍选手转身的近景画面

### 19. 19 号机位

19 号机（CAM19）是位于泳池左侧出发台 / 终点（50 米比赛）的防水吊杆摄像机，主要拍摄选手触壁转身的近景、特写画面（图 5-243、图 5-244、图 5-245）。当选手触壁转身掀起的水花在镜头上留下晶莹的水珠时，画面的现场感也跃然而出（图 5-246）。

图 5-243　19 号摄像机
所拍选手接近池壁时的 2 人全景画面

图 5-244 19 号摄像机
所拍选手接近池壁时的近景画面

图 5-245 19 号摄像机
所拍选手转身的单人近景画面

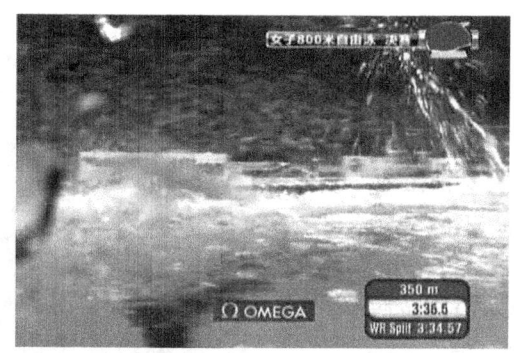

图 5-246 19 号摄像机所拍选手转身瞬间的近景画面

### 20. 20 号机位

20 号机（CAM20）是设置在正对泳池右侧运动员出发点 / 终点的观众席中等高度的大型 SSM 摄像机，主要拍摄选手在游进过程中慢动作的中景与近景画面（图 5-247、图 5-248、图 5-249）。

图 5-247 20 号摄像机
所拍选手出发的慢动作小全景画面

图 5–248  20 号摄像机
所拍选手游进的慢动作近景画面

图 5–249  20 号机
所拍观众反应的慢动作近景画面

### 21. 21 号机位

21 号机（CAM21）是位于泳池左侧出发台／终点（50 米比赛）后的大型 SSM 摄像机，主要拍摄冠军选手的近景与特写画面（图 5–250、图 5–251、图 5–252）。该机位视角独特，是游泳赛事转播的基础机位之一（图 5–253、图 5–254、图 5–255）。

图 5–250  21 号摄像机
所拍夺冠选手庆贺的近景画面

图 5–251  21 号摄像机
所拍夺冠选手庆贺的近景画面

图 5–252  21 号机
所拍选手拥抱致意的 2 人近景画面

图 5-253 21 号机
所拍选手准备活动的近景画面

图 5-254 21 号机
所拍选手出发的慢动作近景画面

通过以上对足球、篮球、排球、网球及游泳五个项目的电视转播机位设置和其设备配置、工作职责的分析，我们已经对这些世界主流运动的电视转播有了较为深入的了解。体育赛事转播是对实践经验要求极高的一项工作，所以，在理解本书相关内容的基础上还应多观摩各个体育项目的转播节目，并设法参与体育赛事转播的实践，方能完全掌握有关体育赛事转播的一系列知识。

图 5-255 21 号机
所拍选手庆贺的慢动作 3 人中景画面

## 思考题

1. 在体育赛事转播中哪种景别的画面通常被用来叠加相关字幕？
2. 请参照本章分析方法绘制乒乓球赛事转播机位图并配置相关摄像设备。
3. 请参照本章分析方法绘制跳水赛事转播机位图并配置相关摄像设备。

# 参考文献

［1］刘爱清，等. 广播电视概论［M］. 北京：中国广播电视出版社，1997：56.

［2］黄匡宇，等. 广播电视学概论［M］. 广州：暨南大学出版社，1999：23、71、75.

［3］柯惠新，等. 媒介与奥运——一个传播效果的实证研究（北京奥运篇）［M］. 北京：中国传媒大学出版社，2010：13、15、16、18.

［4］樊渝杰. 夏季奥运史话［M］. 北京：清华大学出版社，2004：285、249.

［5］张德胜. 体育媒体通论［M］. 广州：广东人民出版社，2006：44、46.

［6］广播电视体育传播研究委员会. 全国优秀电视体育记者论文集［M］. 北京：中国广播电视出版社，2000：128、131.

［7］谭康，等. 电视体育采编与制作［M］. 成都：四川出版集团天地出版社，2008：21、22、23、25、26.

［8］陈国强. 中国体育电视转播的历史与现状. 奥林匹克的传播学研究［M］. 北京：中国传媒大学出版社，2009：28—31.

［9］马国力，等. 体育赛事电视公用信号制作标准研究［M］. 北京：中国传媒大学出版社，2005：16-37、53-59、66-75.

［10］李辉. 中国体育的电视化生存［M］. 上海：学林出版社，2001：61、142、147.

［11］徐威，等. 电视新闻节目制作与播出［M］. 北京：中国广播电视出版社，2005：40.

［12］杜骏飞，等. 深度报道原理［M］. 北京：新华出版社，2003：18.

［13］谭天，等. 电视策划学［M］. 北京：中国国际广播出版社，2004：117.

［14］郝勤. 体育新闻学［M］. 北京：高等教育出版社，2004：73、79.

［15］石长顺. 电视栏目解析［M］. 武汉：华中科技大学出版社，2003：23.

［16］郑月. 电视节目导播［M］. 北京：中国传媒大学出版社，2007：18、50、70.

［17］黎炯宗. 电视导播学［M］. 北京：中国人民大学出版社，2009：11、13、15、16.

[18] 薛文宏，等. 电视导播 [M]. 昆明：云南大学出版社，2007：134、138、139.

[19] 谢章富. 电视摄影技艺研究 [M]. 台北：国立台湾艺术学院出版社，1996：54.

[20] 李平云. 电视制作 [M]. 北京：中国电影出版社，1989：236、237.

[21] 刘宝恒，等. 万事由来（A 卷）[M]. 长春：吉林大学出版社，2006：71.

[22] 刘宁生，等. 数字电视节目制作与播控技术 [M]. 北京：中国广播电视出版社，2003：168.

[23] 赫伯特·泽特尔. 电视制作手册 [M]. 孟微，等译. 北京：北京广播学院出版社，2004：231.

[24] 杨斌，等. 体育赛事电视公用信号制作标准指南 [M]. 北京：中国传媒大学出版社，2007：22、40、43、138、175、340、366.

[25] 茹秀英. 大众传媒与奥运关系的历史分析 [J]. 体育文化导刊，2008（2）：60、63.

[26] 陈国强. 奥运与媒介的双生共荣 [J]. 环球体育市场，2008（1）：38、40、41.

[27] 陈国强. 媒介与世界杯 [J]. 媒介，2006（6）：32—34.

[28] 杜梦溪. 奥运会电视转播回顾 [J]. IT 时代周刊，2008（11）：69.

[29] 马晓枫. 传播的奥运 奥运的传播：奥运与大众传媒关系研究 [D]. 华中师范大学硕士论文，2007.

[30] 张德胜. 北京奥运会电视转播权开发及其遗产 [J]. 新闻知识，2008（9）：15.

[31] 张宏伟. 媒介融合下的北京奥运新闻传播 [J]. 新闻界，2008（1）：82.

[32] 褚亚玲. 2008 北京奥运会上无限风光的新媒体 [J]. 新闻与写作，2008（9）：16.

[33] 徐利刚. 大众传媒品牌营销的多维思考 [J]. 新闻记者，2008（12）：74.

[34] 杜婕. 浅论 NBA 传媒报道的发展 [J]. 体育文化导刊，2004（5）：61、62.

[35] 张伟. 北京奥运会电视转播对提升我国电视转播质量的研究 [J]. 体育文化导刊，2008（5）：69、70、71、74.

[36] 马国力. 北京奥运会电视转播 [J]. 现代电信技术，2006（5）：17—19.

[37] 程志明. 珍贵的文化遗产——北京奥运会和残奥会电视公用信号制作杂谈 [J]. 现代电视技术，2009（4）：52、55、56.

[38] 陈国强. 国外体育电视转播带给我们的理念 [J]. 中国广播电视学刊，2005（9）：15、16.

[39] 罗晓帆，等. 我国电视体育新闻运作模式的探析 [J]. 北京体育大学学报，2005（12）：1616.

[40] 刘晶，等. 我国电视体育新闻报道特点及成因分析 [J]. 中国体育科技，2009 (6)：131、133、134.

[41] 张德胜. 我国电视体育新闻的基本特征及其改革 [J]. 新闻知识，2008 (2)：31、33.

[42] 郑亚楠. 节目编排：国外电视频道的"脸"[J]. 新闻纵横，2003 (11)：51.

[43] 白小娴. 电视体育新闻的厚度传播 [J]. 记者摇篮，2009 (10)：44.

[44] 李金宝，等. 试论我国电视体育节目分类及舆论引导 [J]. 体育文化导刊，2010 (2)：91、93.

[45] 李洪庆. 探索赛事直播的栏目化之路 [J]. 当代电视，2007 (10)：82、83.

[46] 江和平. 无与伦比和"有与伦比"——论北京奥运会的电视报道 [J]. 记者摇篮，2008 (11)：13.

[47] 王朝晟. 体育赛事直播节目整体包装的探讨 [J]. 东南传播，2006 (8)：23.

[48] 王继正. 从 CCTV 北京奥运转播看大型体育赛事节目制作 [J]. 电视字幕 (特技与动画)，2008 (11)：10.

[49] 王大纲. 虚拟演播室技术在大型体育赛事转播中的应用 [J]. 现代电视技术，2005 (12)：36.

[50] 郭飞燕. 虚拟现实技术在体育赛事直播中的运用 [J]. 福建电脑，2009 (3)：99、100、127.

[51] 王宁，等. 在线图文包装系统在体育转播中的应用 [J]. 影视制作，2009 (9)：48.

[52] 唐建军，等. 我国电视体育栏目的表现形态及发展趋势 [J]. 上海体育学院学报，2006 (11)：81、83、85.

[53] 曾兰平，等. 体育专题栏目的成功之道——以〈天下足球〉为例 [J]. 青年记者，2008 (14)：63、64.

[54] 熊燃，等. 叙事〈天下足球〉生存之道 [J]. 新闻前哨，2009 (1)：56、57.

[55] 林嵘. 电视音乐的特点 [J]. 山东干部函授大学学报，2002 (8)：38.

[56] 朱雯. 电视体育专题片配乐的运用形式和表现作用——以 CCTV 奥运频道〈天下足球〉为例 [J]. 星海音乐学院学报，2008 (6)：103、104.

[57] 陈国强. 从 2004 年体育报道特色看其未来走势 [J]. 电视研究，2005 (5)：38.

[58] 赵萌. 论电视节目的两种逻辑——以〈天天向上〉和〈足球之夜〉为例 [J]. 青年记者，2010 (5)：50.

[59] 李志坤. 〈足球之夜〉：黄金栏目的爱恨与重振 [J]. 西部广播电视, 2008 (7)：119.

[60] 张德胜. 当前电视体育专题节目现状分析 [J]. 当代传播, 2008 (1)：110.

[61] 谭先虎. 管窥电视体育报道的新突破——央视体育频道欧洲杯专题报道〈豪门盛宴〉读解 [J]. 中国广播电视学刊, 2004 (9)：32.

[62] 陈福江. 浅谈电视体育专题的界定与发展趋势 [J]. 记者摇篮, 2002 (6)：35.

[63] 杨皓. 导播在制作电视新闻中的重要性 [J]. 记者摇篮, 2009 (10)：64.

[64] 哈国英. 体育比赛是如何直播的 [J]. 体育博览, 1998 (2)：15—17.

[65] 赵鹏程. 试论电视导播的编辑意识 [J]. 当代电视, 2008 (1)：78.

[66] 崔梅英. 摄像在竞技体育中的重要作用 [J]. 少年体育训练, 2006 (3)：47.

[67] 丁久量. 电视转播车的工艺与结构设计 [J]. 广播与电视技术, 1998 (9)：54—56.

[68] 代月波. 户外电视转播车的发展 [J]. 卫星电视与宽带多媒体, 2004 (24)：15.

[69] 傅黎明. 高清广播电视技术及欧洲高清发展状况 [J]. 现代电视技术, 2004 (7)：58.

[70] 李国燃. 从 BIRTV' 2001 看电视转播车的发展 [J]. 现代电视技术, 2001 (10)：80.

[71] 卢群, 等. 奥运电视转播发展历程及技术发展现状（下）[J]. 广播与电视技术, 2008 (7)：38.

[72] 陈江疆. CCTV 大型高清转播车工程概况 [J]. 现代电视技术, 2008 (4)：50.

[73] 何盈. 此时此刻——奥运会的电视转播 [J]. 农村实用科技, 2007 (Z1)：79.

[74] 韦建平, 等. 辽宁电视台高清电视转播车的系统设计与实施 [J]. 现代电视技术, 2010 (8)：119、120.

[75] 张宏斌. 大型高清转播车车体布局的考虑 [J]. 电视工程, 2007 (1)：14.

[76] 具春秋. 多功能大型转播车 [J]. 电视技术论谈, 2000 (2)：47、48.

[77] 冯雨清, 等. 转播车车体制造的现状和发展 [J]. 视听界.广播电视技术, 2005 (1)：42.

[78] 王新民, 等. 山东电视台数字转播车设计方案 [J]. 电视工程, 2001 (1)：34.

[79] 姚珈林. 武汉电视台大型数字转播车设计要点 [J]. 中国数字电视, 2005 (12)：53.

[80] 朱雄斌. 电视转播车系统双切换台的应用 [J]. 现代电视技术, 2009 (6)：74.

[81] 鲁蔚. 电视转播车的视频监控技术 [J]. 电视技术, 1997 (7)：42.

[82] 祝晶. 转播车监视设备的选择 [J]. 现代电视技术，2005 (9)：76、77.

[83] 于平，等. 山东电视台高清电视转播车监视系统设计 [J]. 现代电视技术，2008 (3)：61.

[84] 陈江疆. 一切为了直播——从体育直播看传播车设计 [J]. 现代电视技术，2002 (8)：38.

[85] 于平，等. 山东电视台 14 讯道高清转播车 EVS 网络慢动作系统 [J]. 现代电视技术，2008 (10)：46、47.

[86] 张立. 微型摄像机的遥控设计 [J]. 电视技术论谈，1999 (6)：19.

[87] 王剑明. 遥控摄像机的遥控设计 [J]. 电视工程，1999 (2)：25.

[88] 钱小韵. 北京奥运会上的特种摄像机 [J]. 现代电视技术，2009 (5)：129.

[89] 魏育林，等. 谈摇臂摄像技术在十运会体育赛事中的运用 [J]. 现代电视技术，2006 (4)：101.

[90] 林秀琴. 浅谈转播车摄像机现场调整技术 [J]. 广播与电视技术，1998 (9)：59.

[91] 喻光华，等. 圆满转播 赏心悦目——大型数字转播车音频拾音系统的设计 [J]. 中国传媒科技，2003 (8)：38.

[92] 张勇华. 奥运足球转播的音频制作 [J]. 影视制作，2009 (9)：67.

[93] 姜世杰. 高清电视转播车音频系统的构建 [J]. 音响技术，2009 (8)：36.

[94] 王树森. 奥运会转播国际声采集和传输系统 [J]. 音响技术，2009 (1)：4.

[95] 王树森. 亚运会转播国际声采集和传输系统 [J]. 电声技术，2010 (7)：5、6、8、9.

[96] 刘培焕. 电视转播车的音频系统 [J]. 现代电视技术，2005 (10)：53.

[97] 王树森. 奥运会转播内部通话系统（上）[J]. 音响技术，2009 (3)：4.

[98] 刘阳泉. 辽宁电视台高清转播车通话系统的设计和实际应用 [J]. 现代电视技术，2009 (8)：83.

[99] 陈志善. 电视卫星直播车电源系统设计 [J]. 东南传播，2006 (7)：22.

[100] 王鹏. 探讨电视转播车车体的设计 [J]. 广播与电视技术，2006 (2)：58.

[101] 郑登方. 地市级电视台新闻移动直播的技术平台——小型电视直播车 [J]. 宿州学院学报，2009 (8)：100.

[102] 潘效军. 怎样确保现场直播的技术安全 [J]. 现代电视技术，2009 (2)：146.

[103] 陈江疆，等. 转播车设计原则浅谈 [J]. 现代电视技术，2004 (10)：78.

[104] 潘析非. 大型电视转播车空调系统设计探讨 [J]. 广播与电视技术，2008 (8)：112.

# 后 记

　　想要写一本关于体育电视转播的书是我多年的夙愿，等到动笔之后才发现理想与现实往往是有距离的，最大的困惑就是常常感觉时间不够用，我一个人常常要承担很多不同的角色，我曾经开玩笑地说：我是电视"工人"、是教师、是司机、是丈夫、是父亲，同时也是儿子……但再忙，想写这本书的心却没死，当我在四川电视台从事了十余年体育电视转播的记者、编辑、导播之后，我有强烈的冲动——就是把自己这么多年来对体育电视转播的一些思考与感悟奉献给读者，这也可算是对自己十余年体育电视生涯的一个纪念吧。

　　毫无疑问，写作此书的过程是漫长而痛苦的，加之工作繁忙，只能时断时续，后来它简直成了我的一块心病，搅得我不得安宁，放弃吧，觉得太可惜，继续吧，又总是没有整块的时间，注意力没法集中。就在这种并不算好的状态中，仍旧时刻催逼着自己向前走。2007 年，我结束了体育电视从业者的生涯，回到校园，就想该好好做这件事了，但经常空有创作激情而找不到方向，懈怠的情绪不时冒出，写作也就断断续续，进度较慢。但我心中一直有一个念头：我应该为国内新闻专业的学生和体育电视界的同行提供一些电视体育转播的相关知识与思考。否则，我这十余年的体育电视生涯就会留下很大缺憾。

　　一个好汉三个帮，在本书的写作过程中，我也得到了许多亲朋师长的大力支持。感谢我的恩师郝勤教授，他对本书的构架提出了很好的建议；感谢寺玉宝，在百忙中为我寻找了大量体育赛事的高清视频素材，同时也感谢我的学生郑成、刘海海、高静娴、周莉，他们为这本书绘制了大量的图表。亲朋师长的支持与理解，就是我完成此书的最大动力。

　　本书还有许多缺陷和不尽如人意之处，欢迎大家批评指正。如果读者能从本书中得到一些对自己有用的信息，并对自己以后的体育电视实践有所启发，我也就知足了。

谭 康

2011 年 10 月 15 日于成都十里店